블랭크

일러두기
이 책에서는 공백, 공백을 의미하는 블랭크라는 단어를 혼용했습니다.

블랭크

BLANK

성공한 사람들의 공백을 기회로 만드는 법

자일스 페일리-필립스, 짐 댈리 지음 · 김정희 옮김

서울문화사

공백으로 :

블랭크 팟캐스트 소개

가끔 우리는 행동하기 전에 자신을 완전히 믿어야 한다거나 완벽해야 한다고 생각하지만, 실제로는 그 반대다. 행동은 실제로 우리에게 자신감을 주어 계속해서 무언가를 더 나은 것으로 만들게 하고 그를 위해 어떤 조치라도 취할 수 있게 해 준다.

_ **라다 모질 박사**Dr. Radha Modgil

자일스

2004년 나는 창의력이 퇴행하는 시기를 겪으며 집중력이 떨어지고 실의에 빠졌다. 그래서 앞으로 10년 동안 이루고 싶은 일이나 하고 싶은 일을 모두 적어보기로 했다.

과감한 행동이라고 생각할 수도 있겠다. 하지만 난 그것이 풀어야 할 문제들, 통과해야 할 시험, 그리고 득점해야 할 골을 제공해주리라 생각했다. 어떤 것들은 꽤 할 수 있었고, 또 어떤 것들은 완전히 터무니없었다(그때는 그렇게 믿었다). 많은 것들이 쉽게 잊힐 만한 것들이다. 하지만 확실히 한 가지 생각만은 머릿속에 자리하고 있었다. 2~3년 만에 그 종이를 잃어버렸는데도 말이다!

그 종이에 적은 것들은 뉴욕에 가보는 것부터(아직 이루지 못했지만) 5권의 책을 출판하는 것(한 권은 출판했고), 피아노를 배우는 것

(아직 못했고), 런던 마라톤을 뛰는 것까지 다양했다(이건 예정보다 조금 늦긴 했지만 하긴 했다).

그럼 내 창조의 보관함 구석 깊이 항상 간직하고 있는 그 한 가지 생각은?

바로 팟캐스트를 제작하는 거였다.

다른 많은 것들이 증발해버렸는데도 왜 이 생각만이 계속 내 머릿속에 남아 있었는지 수수께끼였지만, 수년 동안 팟캐스트는 그저 허황한 꿈에 불과했다. 나는 실제 방송 경험이나 제작 기술을 배운 적이 없었다. 더군다나 이 팟캐스트가 어떤 내용일지 전혀 감이 오지 않았다.

2018년에도 난 2004년과 비슷한 슬럼프를 겪었다. 어떤 창작물도 나오지 않았고, 나의 마력은 무기력해졌다. 그래서 새로운 프로젝트를 활기차게 시작하려면 어떤 예술적 비아그라가 필요했다. 팟캐스트가 도움이 될 수 있을까?

당시는 팟캐스트 황금기의 시초였다. 예술, 정치, 코미디, 스포츠, 팬진(팬 잡지 - 옮긴이), 드라마, 음악, 키즈프로그램 등 수많은 주제와 장르를 아우르는 55만여 개의 채널이 존재했다. 꽤 유행했던 팟캐스트의 유형 중 하나가 긴 형식의 인터뷰였는데, 나한테는 이런 유형의 프로그램이 가장 흥미로웠다. 영감을 주는 사람들과 함께 앉아서 이런저런 얘기를 할 수 있다는 기회가 나한테는 진짜 매력적으로 다가왔다.

하지만 어떻게 다른 모든 사람에게 다른 방식으로 접근할 수 있을까? 내가 듣고 싶은 게 뭐고, 창작하는 사람으로서 나한테 뭐가 유용할지, 지금 당장 나에게 도움이 될 게 뭔지 생각해보았지만, 아무 생각도 할 수 없었다. 내 머릿속은 백지상태였다. 그리고 그때 공백이 퍼뜩 떠올랐다.

매우 인간적인 경험인, 그런 조그마한 보편성을 찾는 시도는 항상 쉬운 일은 아니다. 하지만 내가 아무것도 생각할 수 없을 것 같았던, 정확히 공백의 순간에 나는 우연히 그것을 발견했다. 딱 조사해볼 만한 완벽한 것이었다.

내가 겪고 있었던 공백은 단지 팟캐스트 주제를 생각해내려 고군분투하는 것이 아니었다. 전체적인 창조적 삶에서 내가 싸우고 있던 바로 그것이었다. 솔직히, 나는 꽤 오랫동안 공백 상태였을 것이고, 앞으로도 공백 상태일 것이다. 그렇다면 이보다 더 좋은 주제가 있을까?

하지만 팟캐스트는 어떻게 시작하지? 작동원리가 뭐지? 어떻게 작업하지? 혼자서는 이 일을 할 수 없을 것 같았다. 나에게는 공동 조종사가 필요했다. 협업할 누군가 말이다. 밴드 활동을 하던 시절을 돌이켜보면, 나는 오랫동안 협업을 즐겨왔다. 나는 팀 정신이 믿을 수 없을 만큼 활력을 준다는 걸 알고 있다.

무대 왼쪽 : 짐 댈리 입장

짐과 나는 소셜 미디어를 통해 서로 알게 되었고, 몇 차례 교류한 적이 있었다. 팟캐스트를 듣는 사람들은 크리스털 팰리스 FC(잉글랜드 프리미어리그 프로 축구 클럽 - 옮긴이)에 대한 우리의 사랑과 짐이 크리스털 팰리스 팬진 팟캐스트인 FYP를 진행 및 제작한다는 사실을 아주 잘 알고 있을 것이다. 청취자로서 나는 항상 편안하고 밝은 짐의 방송을 즐겼고, 그가 내가 꿈꾸고 있는 이 프로젝트에 최고로 어울리는 사람이라는 걸 알았다.

그때 내가 가지고 있던 콘셉트는 긴 형식의 인터뷰 팟캐스트로, 다양한 유명 인사들과 일이 잘 풀리지 않을 때의 창조적 삶에 대한 '공백'의 이야기를 나누는 것이었다. 처음에는 작가나 배우들만 생각했었다. 그러다 2018년 7월 어느 날 오후 짐과 함께 브라이튼의 한 카페에 앉아 있을 때, 우리는 그 범위를 넓힐 가능성을 엿보았다.

작가와 배우로 한정할 이유가 있나? 스포츠 선수, 코미디언, 사업가, 정치가 등 그들 역시 분명 공백이 있었을 텐데. 사실, 우리의 첫 만남에서 짐은 그의 경력에서 공백기를 겪고 있었다. 그는 스탠드업 코미디를 하는 것에 대한 두려움을 가지고 있었다. 그의 상황에 대해 나는 공감했다. 나와 똑같은 공감 수준을 가진 사람을 찾은 것을 기뻐하면서. 그러한 공감 수준은 초대 손님을 편안하게 해주어 자신의 공백에 대해 털어놓을 수 있도록 해줄 것이다.

그래서 그날 오후 우리는 계획을 세우고 짧은 홍보 비디오를 찍었다. 그렇게 '블랭크Blank(공백)' 팟캐스트가 탄생했다. 그런 다음 나는 집으로 가서 포토샵으로 이미지컷을 만들었다. 그러곤 초대 손님들을 찾기 시작했다!

나는 한두 명만이 '좋아요'라고 대답할지도 모른다는 생각에 네트워킹 망을 넓혔다. 심지어는 몇몇 유명 인사들을 대상으로 내 운을 시험해본다고 생각했다. 그래봤자, 일어날 수 있는 최악의 상황은 거절이니까. 하지만 완전 놀랍게도, 내가 보낸 트위터 DM들은 '좋아요'의 행진이었다. 사람들은 내가 전한 콘셉트를 완전히 이해했고, 공백에 대해 이야기한다는 아이디어에 기대감을 가졌다!

내가 생각하는 팟캐스트의 장점이자 초대 손님을 이 매체로 이끄는 매력은, 진정한 자신이 될 수 있고, 어떤 큰 홍보거리가 없이도 허심탄회하게 이야기하는 기회를 가질 수 있다는 것이다. 그리고 그것이 바로 우리가 원했던 것이다. 편집 없이 차 한 잔 마시면서 한 시간 동안 대화하고 청취자는 우리 옆 테이블에 앉아 듣고 있는 것처럼 느끼도록 하는 것.

우리는 일찌감치 가내 수공업 스타일로 일하기로 했다. 초대 손님과 장소 예약, 진행, 녹음, 제작, 편집 및 마케팅 등 모든 작업을 직접 수행했다. 그리고 필요할 때 우리를 지원할 수 있는 팟캐스트 플랫폼과 협력하는 것이 현명해 보였다. 그래서 스웨덴 팟캐스트 에이캐스트Acast와 계약을 맺고 첫 녹음을 준비했다.

우리는 우리 지역 출신인 3명의 초대 손님과 함께 내 집에서 첫 번째 녹음을 했다. 그날 시나리오 작가 워런 더들리, 아동 작가 린지 갤빈 그리고 〈왕좌의 게임〉의 배우 대니얼 투이트는 멍하니 앉아 있었다. 영국 BBC방송 진행자 데이비드 프로스트와 닉슨 전 미국 대통령 사이의 단독 인터뷰를 상기시키는 그런 긴 형식의 인터뷰 팟캐스트와는 조금 다르게 하자는 것이 우리의 의도였다. 그 인터뷰는 프로스트가 닉슨 전 미국 대통령을 일대일로 인터뷰하며 당시 팽팽한 긴장감을 불러일으켰던 것으로 유명하다. 물론 그런 형식이 효과가 있기도 하지만, 제3의 목소리가 있는 것이 우리에게는 좋은 활력소처럼 느껴졌고 토론에 또 다른 관점을 제공해주었다. 처음엔 좀 긴장했는데 몇 분도 안 되어서 나는 녹음 중이라는 걸 까먹었다. 테이블 주위에 세 사람이 둘러앉아 차 한 잔을 하면서 삶, 경력, 그리고 그 힘든 공백의 순간들에 대해 이야기를 나누는 것. 딱 내가 느끼고 싶었던 그런 느낌이었다.

그때나 지금이나 나를 놀라게 하는 것이자 바로 이 팟캐스트가 계속해서 발전해온 이유기도 한 것. 그것은 순전히 다른 사람들에게 '공백'이 무슨 의미일 수 있는지 정의해주는 범위다. 공백의 범위에는 그저 우리가 창의적으로 어떻게 '공백 상태가 되는가'에 대한 것뿐만 아니라 어떤 상황이든지 일이 잘 풀리지 않을 때가 있다는 것이 포함된다. 그것은 공개적 실패든 사회적 불안이든 슬픔이든 가면증후군이든 개인마다 다른 방식으로 나타나는 심리 상태다. 우리가 이 팟캐스트 여정을 계속할수록 공백은 계속해서 아주 많은 새롭고 다양한 방식으로 해석되고 있다.

첫해 9월 어느 우울한 금요일 오후 우리는 소호에 있는 한 호텔 방에 앉아 있었다. 그때 나는 거의 유체이탈을 경험하고 있는 것처럼, 다른 사람이 이 일을 하고 있는 것 같은 느낌이 들었다. 그리고 그 느낌은 결코 사라지지 않았다. 비관론자들이 습관적으로 말하는 것은 잊어버리자. 자신의 영웅을 만난다는 것은 놀라운 일이며, 앞으로도 오래 계속 그러길 바란다.

이 팟캐스트는 내가 지금껏 참여했던 일 중 진정으로 가장 위대한 일 중 하나였고, 제작은 특권이었다. 좋아하는 일이 되다 보니, 나에겐 이 팟캐스트가 단연 최고였다.

짐

이 팟캐스트에 있어 나는 생색낼 것이 없다. 순전히 모두 자일스의 아이디어였기 때문이다. 그가 브라이튼의 조용한 카페에서 간단한 식사와 차 한 잔을 하며 대략 그 팟캐스트에 대해 설명했을 때, 그건 내가 참여해보고 싶었던 것이었다는 걸 알았다. 미처 알지 못했던 것은 앞으로 몇 년 안에 내 삶, 일 그리고 자신에 대해 얼마나 많은 것을 발견하게 될지였다.

아이디어 자체는 꽤 간단했지만 견고했다. 다양한 창조 분야의 성공한 사람들과 일이 잘 풀리지 않는 순간들에 대해 이야기를 나누는 것. 어쩌면 우리는 그 순간들을 어떻게 헤쳐나갈지 조금은 배우고, 몇몇 재미있는 이야기들을 듣고, 유명한 사람들도 우리와 같은 문제를 안고 있다는 데 위안을 받을 수도 있을 것이다.

하지만 그 이후로 100여 회가 넘는 방송을 통해 우리가 얻은 것은 훨씬 그 이상이었다. 먼저 나는 내가 존경하는 몇 명의 사람들을 만났다. 그들 모두 완전히 눈부시게 사랑스러운 사람들이었고, 절대 잊지 못할 놀라운 추억을 나에게 안겨주었다(그리고 그 과정에서 몇몇 유명한 사람들이 내 트위터를 팔로우했다). 그뿐만 아니라 나는 자일스와 평생 친구가 되었다. 물론 트위터를 통해 그를 알고 있었고, 우리에게는 크리스털 팰리스의 팬이라는 공통점이 있었다. 하지만 그 화창한 오후 바닷가에서 대화를 시작한 순간 우리는 영원히 친구가 될 운명이라는 것을 알았다. 그는 매우 친절한 사람이며 내가 갖는 희망, 두려움, 창조적 야망, 삶에 대한 걱정을 공유한다. 그때도 나는 이 팟캐스트가 결국 성공하지 못하더라도 상관없다고 생각했다. 적어도 그로 인해 정말 좋은 친구를 사귀게 될 거였기 때문이었다. 어떤 면에서는 그게 더 중요했다.

다른 사람들과의 연결은 매우 중요하다. 그리고 이것이 블랭크 팟캐스트의 핵심을 형성하는 것이자 확실히 내가 이 팟캐스트를 계속하게 만드는 것이기도 하다. 내가 열렬히 좋아하는 사람들과 하는 방송이 있고, 잘 알지 못하는 초대 손님과 하는 방송도 있는데, 모두 뭔가 풍부하고 행복으로 가득 찬 느낌이 든다. 그리고 내 인생에서 정말 흥미로운 사람들을 만난 것처럼 느끼게 된다. 우리가 처음 만났을 때 자일스와의 연결고리는 정말 중요했다. 팟캐스트에서 초대 손님과 만드는 연결고리는 (우리 청취자도 즐기기를 바라는) 훌륭한 대화로 이어질 뿐 아니라 유용한 진실과 삶의 교훈이 된다. 나는 항상 방송에서 어느 정도 그런 정보를 얻는다. 이후에 가능한 한 많은 정보를 내 삶에 적용하려고 노력했다. 어떤 건 성공적이었고, 또 어떤 건 그렇지 못했다.

사실, 자일스가 팟캐스트를 제안했을 때 나는 내 창조적 삶에서 꽤 큰 공백의 순간을 겪고 있었다. 5년 동안 코미디를 해왔지만, 내가 원하는 방식으로 흘러가지 않았다. 나는 진전이 없다는 데 좌절하게 되었는데, 그건 거의 전적으로 내 잘못이었다. 나는 내 경력에 다시 시동을 걸어줄 무언가가 필요했다. 팟캐스트를 하면 내가 왜 교착상태에 빠졌는지 조금이나마 아는 데 도움이 될지도 모를 일이었다. 어쩌면 정상 궤도에 다시 오를 수 있는 어떤 조언을 얻을 수 있기를 은근히 바라기도 했다. 그때는 내가 영국에서 가장 성공한 몇몇 코미디언들로부터 일대일 조언을 듣고, 1년 정도 후에 에든버러 프린지Edinburgh Fringe(스코틀랜드의 수도 에든버러에서 8월에 3주 동안 열리는 공연예술 축제 - 옮긴이)에서 공연하며, 코미디 에이전트를 구하게 될 줄은 상상도 하지 못했다.

그래서 난 이 팟캐스트와 자일스에게 많은 빚을 졌다. 창조적인 분야뿐만 아니라 아주 많은 뛰어난 사람들을 만날 기회를 주었기 때문이다. 처음에는 그렇게 시작했지만, 우리는 사업가와 과학자, 정치인, 그리고 더 많은 사람을 포함해 팟캐스트 대상의 범위를 넓힐 수 있다는 것을 아주 빠르게 깨달았다. 사실 내가 지금까지 만난 사람 중 엄청나게 긴장한 초대 손님은 캐롤라인 루카스 녹색당 당 대표가 유일했다. 나는 녹색당의 카드를 소지한 당원으로 그저 그녀가 훌륭하고 영감을 주는 사람이라고 생각한다. 그녀는 나에게 록스타 같아서 그녀를 만난다는 건 정말 굉장한 일이었다. 감사하게도, 그녀는 사랑스러웠고, 심지어 우리가 들어본 공백 이야기 중 최고로 꼽을 만한 이야기를 하나 우리에게 들려주었다. 그 이야기는 이 책에 실렸다.

지난 2년 동안 팟캐스트를 만들면서 내가 얻었던 것만큼, 당신도 이 책을 통해서 공백의 여정과 공백 상태가 되는 모든 다양한 측면에서 많은 것을 얻기를 바란다. 이 책에서, 우리는 일이 제대로 풀리지 않는 순간이나, 창의적이거나 자신을 표현하려 애쓰며 텅 빈 문서를 빤히 쳐다보고 있을 때, 무대 위나 발표 중간에 머리가 하얘지는 백지상태가 될 때, 공연 도중에 멈칫할 때, 또는 모든 것이 잘못되어가고 있는 기념비적인 삶의 공백기를 겪고 있을 때 등 '공백'의 다양한 주제를 탐구할 것이다. 우리는 팟캐스트 초대 손님의 이야기 중에서 최고의 조언과 일화를 엄선했고, 팟캐스트에 계속 올라오는 공백 영역에 대한 우리만의 생각과 경험을 더했다. 창의성부터 슬픔, 수면 부족, 소셜 미디어, 사회 인식, 공개적 실패에 이르기까지 모든 것을 이야기할 것이다. 우리가 팟캐스트를 통해 그랬던 것처럼 당신도 책을 읽으면서 흥미로운 것을 배우길 바란다.

차 례

1장

공개적 실패

나는 잘못했으면 책임을 져야 한다고 굳게 믿는 사람이다. 이 말은 건강, 재산, 집, 자녀, 정신 건강, 신체 건강, 우정, 성공, 그리고 확실한 실패 등 삶의 모든 부분, 하나하나에 대해 절대적이고 완전한 책임을 지는 것을 의미한다. 그렇게 할 수 있다면, 그것이 가장 힘을 북돋워주는 것이 될 것이다.

_ **제이크 험프리** Jake Humphrey

자일스

"나는 실패하지 않았다. 단지 효과가 없는 만 가지 방법을 찾았을 뿐이다."

토마스 A. 에디슨은 전구를 만들기 위한 자신의 끈질긴 탐구를 이야기할 때 이처럼 말했다.

우리는 모두 배 속이 뒤틀리기 시작하고, 두 손은 땀으로 축축하며, 얼굴에는 땀방울이 흘러내리기 시작하고, 같은 공간에 있는 모든 사람의 시선이 자신에게 집중되어 가능한 한 그곳에서 빨리 도망치고 싶은 생각밖에 없는 순간을 경험해본 적이 있을 것이다. 그것이 무대에서 뛰쳐나가는 것이든 아니면 단지 은유적으로 내면으로 도피하는 것이든 말이다. '공개적 실패' 주제는 팟캐스트에 많이 올라오는 주제 중 하나다. 이 주제와 관련해 생각해보자니 어린 시절의

한 사건이 내 머릿속에 가장 먼저 떠올랐다. 지금이야 정말 악의 없게 느껴지지만, 그 당시에는 아주 굴욕적으로 느껴졌다.

내가 겨우 일곱 살인가 여덟 살 정도 되었을 때였다. 나는 우리 가족의 손에 이끌려 지역 성공회에 갔다. 그런데 거기서 '성역의 시종Servers of the Sanctuary'에 참여하도록 요구받았다.

시종의 역할에는 십자가를 드는 크루시퍼, 미사 시중을 드는 애콜라이츠, 향로를 드는 서리퍼 등이 있었다. 이 신도 무리 중 가장 어렸던 나의 임무는 향이 담긴 용기를 들고 다니며 서리퍼를 보조하는 것이었다. 마치 마지못한 호빗이 반지를 손에 들고 불타는 모르도르의 황무지로 원정을 떠나듯이, 나는 내 지휘관인 서리퍼 뒤에서 교회를 돌아다니면서 항상 이 오목한 용기를 지켜야 했다. 그 순행에서 서리퍼가 해야 할 일은 쇠사슬에 매달린 금속 향로를 운반하는 것이었고, 예배 시간 동안 향을 피우는 것이었다. 내 향 용기에는 작은 알갱이 형태의 향이 담겨 있었는데, 그 향 알갱이들은 서리퍼 향로의 달궈진 석탄 위에서 타오르며 연기가 되어 여기저기로 흩어졌다. 거의 모든 것을 축복하면서. 사제든 경전이든 성찬식 제병이든 신도들이든 서리퍼는 그 연기 나는 향로를 흔들어 축복할 수 있는 건 무엇이든지 축복했다.

나는 내 임무를 수행하는 책임을 가볍게 여기지 않았다. 어린 나이였음에도 나는 누구도 실망시킬 수 없다는 것을 알고 있었다. 모든 시선이 나를 향해 있었고, 참석한 모든 사람이 가진 기대의 무게를 느낄 수 있었다. 이 때문인지, 아니면 내가 입어야 했던 무거운 의복 때문인지, 그도 아니면 서 있는 긴 시간과 구토를 유발하는 향 때문인지는 알 수 없으나, 그 첫 예배에서 나는 눈이 흐릿해지고 다리가 떨리기 시작하더니 머리가 빙빙 돌기 시작했다. 그러다 이내 바닥에 쓰러지자 사람들이 건물 뒤쪽으로 나를 재빨리 옮겼다. 거기서 회복에 도움이 되도록 머리를 무릎 사이에 밀어 넣었다.

이 마지막 장면이 지켜보는 사람들에게는 금세 지나간 것 같겠지만 내게는 슬로모션으로 아주 느리게 흘러갔다. 교회 통로를 따라 기대에 찼던 사람들의 얼굴을 모두 지나쳐 걸어 내려오는 일은 어지간히 고통스럽고 수치스러운 일이 아닐 수 없었다. 완벽한 공개 망신. 그러니까 공개적 실패였다.

하지만 팟캐스트를 한 이후로 이 주제를 좀 더 폭넓게 살펴보았을 때, 내가 지금 공개적 실패를 이해하는 한 가지 눈에 띄는 사실이 있다. 이런 순간을 강화하는 곳이 거의 항상 우리 자신의 머릿속이라는 것이다. 우리 자신에게 가장 큰 벌을 가하는 사람이 다름 아닌 우리 자신이라는 것이다.

실패하는 와중에 우리는 자신을 비난하는 것이다. 그 생각은 크리스털 팰리스 FC의 스티브 패리시 회장과 이야기를 나눌 때 명백해졌다. 스티브는 팀이 졌을 때, 경기 후에 밖으로 나가면 그 충격을 누그러뜨릴 수 있고, 반면에 이기면 집에 있는 게 낫다고 말했다. 예상과 '반대'되는 행동을 하는 것은 그러한 순간에 도움이 될 수 있다. 왜냐하면 패배 후에 공개적 실패를 마주하게 되기 때문이다.

스티브는 클럽에 대한 자신의 책임을 매우 진지하게 받아들이는 데, 때로는 그 책임감이 극심해지기도 한다. 그에게 진짜 깊은 회개와 슬픔의 순간은 패배 후 트위터로 향할 때다. 이는 자신이 범했을지 모르는 모든 실수를 강화하기 위한 처벌, 일종의 자기 채찍질이다. 스티브가 우리에게 말했듯이, 너무 많은 것이 클럽의 노력에 달려 있기 때문에 경기 패배는 단지 축구 경기에서 지는 것이 아니라, 그 이상인 것이다.

이런 식의 자기 형벌의 뿌리는 역사를 통해 확인할 수 있다. 중세 시대에는 사람들이 공개적 채찍질을 통해 자신의 질병을 씻어내려 했는데, 이러한 정서는 오늘날에도 남아 있다. 단지 우리가 사용하는 방법과 장비가 진화했을 뿐이다.

우리는 종종 엄청난 죄책감 때문에 자신을 공개적으로 벌함으로써 공개적 실패에 대응해야 할 것 같은 필요성을 느낀다. 스티브에게 그것은 자신이 짊어진 책임감의 무게이자 팀, 그가 고용하는 사람들, 그리고 물론 팬들의 기대다. 그가 바로잡아야 하는 이 모든 요소와 그가 기쁘게 해야 할 많은 사람이 있는 것이다. 우리의 행동이 다른 사람들을 실망시키고 있다는 인식은 공개적 실패를 더욱 고통스럽게 만든다.

이런 공개 망신은 때때로 우리를 덮치는데, 존 론슨만큼 이 과정에 대해 잘 아는 사람도 없다. 그는 이 주제에 대해 무척 길게 이야기했고, 심지어 《당신은 공개적으로 창피를 당했다So You've Been Publicly Shamed》라는 책을 쓰기도 했다. 존은 '블랭크 팟캐스트'의 첫 초대 손님 중 한 명이었고, 짐과 나는 그와 함께 이 분야를 확실히 다루고 싶었다.

존은 그 책을 쓰고 연구한 시간, 그리고 한 번의 실수로 트위터가 누군가를 파괴하고 그들이 굴욕과 수치심을 느끼도록 만들 수 있는 경우들에 대해 단호하게 말했다. 또한, 그들이 일종의 신분 도용의 피해자라는 생각도 있다. 왜냐하면, 그들이 실제로 그들을 전혀 모르는 사람들에 의해 삶의 어떤 아주 작은 부분에 대해 심판받고 있기 때문이다.

존은 단지 공인의 경우만 이야기한 것이 아니었다. 공개 노출에 익숙하지 않은 일반인도 마찬가지다. 그는 우리에게 공개적인 굴욕이 사람들을 어떻게 공동체에서 쫓아내는지 설명했다. 그다지 좋은 사람이 아니라는 말을 듣거나 자신에 대해 이러쿵저러쿵 말하는 글들을 읽는 사람들은 그 얘기들을 믿기 시작한다. 그러면 심지어는 우울함을 느끼거나 자살이나 자해를 생각할 수 있다.

짐

캐롤라인 루카스는 주목받는다는 것이 어떤 건지 아주 잘 알고 있는 사람이다. 녹색당의 첫 번째 하원의원(그리고 글을 쓸 당시 유일한 하원의원)인 그녀는 현재 국회에서 외로운 독자적인 길을 걷고 있다. 그리고 그렇게 눈에 띈다는 것은 어떤 실수를 했을 때 특히 반대파 정치인들에게서 비난받을 가능성이 크다는 것을 의미한다. 다행히도, 그녀에게는 국회의원으로서 최악의 순간이 경력 초기에 찾아왔다.

캐롤라인이 국회의원으로 선출되기 전 의원 활동을 했던 유럽의회가 정중하고 조직적인 분위기였다면, 하원의 혼란스러운 분위기는 무척이나 달랐다. 브뤼셀에서는 모든 사람이 조용히 앉아서 자신이 연설할 차례를 기다렸다. 하지만 국회에서 하원의원들은 끊임없이 서로에 대해 이야기한다. 캐롤라인은 만약 그녀가 강한 반론이 있다고 느낀다면 그 반론을 국회 기록에 남기기 위해 일어서서 사람들을 방해해야 한다는 것을 깨달았다. 그리고 그렇게 행동하는 것에 마음 편안해해야 한다는 것을 재빨리 깨달았다.

몇 주간 몇 번 끼어들었더니 그녀는 자신감이 생겼다. 그래서 어느 날 오후 교육 토론 중에 벌떡 일어나 다시 끼어들며 "친애하는 의원님께서 양보해주시겠습니까?!"라고 외쳤다. 그들은 당연히 그렇게 했지만, 캐롤라인은 그 자리에 서서 자신이 무슨 말을 해야 할지 전혀 모르겠다는 걸 불현듯 깨달았다.

당황한 침묵을 메우려고 그녀는 딱히 어떤 말도 하지 않은 채 머리를 열심히 굴리며 할 말을 찾기 시작했다. 하지만 이내 포기하고 자신이 무슨 말을 하려 했는지 기억할 수 없다고 인정했다. 몹시 창피했던 그녀는 땅속으로 꺼져버리고 싶다고 느끼며 자리에 앉았다. 그러고 나서 하원에서 말한 모든 것을 공식적으로 기록하는 국회 의사록에 이 모든 것이 기록될 거라는 것이 생각났다. 다음 날 확인해보니, 할 말을 잊었다는 말 대신 작은 점 3개만 기록되었다는 것을 알고는 안도했다. 그 당시 국회 의사록 담당자가 누구였는지는 모르겠지만 그녀에게 얼마나 친절했던지!

대체적으로 볼 때 캐롤라인과 캐롤라인의 일화에서 훌륭한 점은 실수로부터 배우고자 하는 그녀의 욕구다. 지금까지도 그녀는 국회에 갈 때 항상 메모장을 가지고 가서 자신이 하고 싶은 이야기를 모두 적는다. 그녀의 이야기에서 신선했던 점은 그녀의 정직함과 열린 마음이었다. 맞다. 그녀는 이 나라 최상위 정치기관에서 꽤 공개적으로 망신을 당했다. 하지만 설사 그렇더라도 괜찮았다. 그녀는 마치 나와 자일스에게 어떤 실수라도 만회할 수 있고 배움의 기회를 제공할 수 있다고 말하는 것 같았다.

600명의 의원들 앞의 국회의사당에서는 아니길 바라지만, 내가 앞으로 실수한다면, 나 역시 (은유적인) 메모장을 추가하는 노력을 하고 싶다. 만약 우리가 모두 캐롤라인처럼 실수에 정면으로 대응하는 식으로 접근한다면, 아마도 우리는 실수를 자책하고 사람들이 우리를 어떻게 생각하는지 걱정하는 데 그렇게 많은 시간을 허비하지 않을 것이다. 그리고 솔직히 정치적인 점수를 따기 위해 서로를 혹평하는 사람들에게 이렇게 말하고 싶다. 스스로 자랑스럽게 여기는 낡은 시스템이자 건물인 하원의 국회 의사록이 그 3개의 작은 점으로 캐롤라인에게 친절을 베풀었던 것처럼, 그녀의 이야기는 어떤 친절한 순간이 있었음을 보여준다고. 국회 의사록이 무엇인가. 하원의원들이 국회에서 말하는 모든 단어, '음' 및 '어'까지도 기록하게 되어 있지 않은가(이론적으로는 그들에게 대중에 대한 책임을 묻기 위해서다. 거기에 있는 그들을 선출한 게 바로 우리니까 말이다).

만약 국회에도 친절이 있을 수 있고, 캐롤라인이 그 실수 이후에 자신에게 친절할 수 있었다면, 우리는 모두 실수할 때 우리 자신에게 조금 더 너그러울 수 있다. 그것이 앞으로 내가 꼭 하려고 하는 것이다.

앨리스 인 원더러스트Alice in Wanderlust

2018년, 태틀라이프Tattle Life라고 하는 신규 온라인 포럼에서는 사람들이 모여 온라인에서 그들의 사생활을 수익화하는 사람들에 대해 비평할 수 있었다. 이곳의 환경은 비판을 적극적으로 장려하는 분위기다. 그러나 최근에 이 사이트는 유명 유튜버와 블로거들의 괴롭힘에 대해 비난을 받으며 언론의 주목을 받았다. 그들은 이 사이트가 보여준 '비평'이 괴롭힘과 트롤링으로 전락하는 것을 보았다. 대다수의 이용자는 '안티팬'을 자처하며 인기가 높은 사람들을 경멸하고 비방하는 데 포럼을 이용한다. 그런 장소가 집단 혐오를 조장하기 위해 존재한다는 것은 우리 사회가 어디에 있는지를 보여주는 슬픈 폐단의 지표다.

유명한 '엄마 블로거'이자 '인스타맘'인 클레미 후퍼Clemmie Hooper의 이야기가 이 사이트의 그 어두운 면들을 조명해주었다. 엄청나게 많은 엄마들이 온라인에서 클레미를 팔로우하고 있었다. 그들은 인스타그램에서 클레미가 보여준 솔직한 모성에 대해 진정성을 느꼈다.

2019년 초, 맘 인플루언서 사이에서 '앨리스 인 원더러스트'라는 태틀라이프 사용자에 대한 의혹이 불거지기 시작했다. 약 8개월 동안, 이 계정은 여러 인스타맘과 블로거들에 대해 경멸적인 댓글을 달았고 심지어 몇몇 유명 흑인 엄마들에 대해 인종차별적인 발언을 하기도 했다. 네티즌 수사대를 자처한 일부 사용자들은 앨리스의 위치 태그가 종종 클레미의 인스타그램 게시물의 위치와 일치한다는 것을 알아챘다. 다른 블로거들이 클레미를 소환했을 때, 그녀는 너무 증폭된 의혹을 피할 수 없었고 결국 사과문을 발표했다.

그녀의 사과에도 그 피해는 매우 컸다. 며칠 만에 그녀는 만 명 이상의 팔로워를 잃었다. 클레미의 진짜 동기는 아직도 충분히 밝혀지지 않았다. 그녀의 사과는 그녀에게 영향을 받았던 사람들과 더 큰 규모의 인스타맘 커뮤니티로부터 엄청난 경멸과 냉소를 받았다. 그 후 그녀는 자신과 자신의 가족을 표적으로 삼았던 사용자들에게 침투해 영향력을 행사하려고 앨리스 인 원더러스트 계정으로 글을 올리기 시작했고 그게 결국 트롤링으로 빠져들어 헤어나오지 못했다고 주장했다. 하지만 사람들은 그녀의 주장을 조롱했다.

그 결과는 빠르고 잔인했다. 클레미는 인스타그램 계정을 삭제했고, 그녀의 남편은 그녀의 행동에 매우 공개적으로 선을 긋는 모습을 보였다. 그뿐만 아니라 많은 사람이 클레미가 온라인 활동과 함께 파트타임으로 일하던 조산사에서 해고되어야 한다고 요구했다.

일명 '그 엄마 미소'로 불리는 엄마 블로거 로라 러더포드Laura Rutherford는 인스타그램에 '앨리스 인 원더러스트'라는 이런 글을 올렸다.

'내가 잠자코 있을 수가 없다. 당신은 지난 8개월 동안 트롤들이 내 명성을 헐뜯도록 선동하고 부추겼다. 나와 다른 소수의 인플루언서들에게 대체 무엇을 위해서?'

그리고 이 마지막 말, '대체 무엇을 위해서?'는 계속해서 논쟁을 유발할 것이다. 만약 다른 사람들을 끌어내리는 토끼굴에 사로잡히면, 그 아래로 굴러떨어질 위험이 매우 높기 때문이다.

클레미는 자신에게 명성과 돈을 안겨준 그 인스타그램 계정을 삭제하기로 했다. 그녀에게 그 결정은 삼키기에 매우 쓴 약이었을 것이다. 특히 이런 결과가 자신의 인스타그램에서 한 행동 때문이 아니었기 때문에 더욱 그랬을 것이다.

자일스

클레미는 결국 자신의 행동으로 인해 혹독한 결과를 치렀다. 이는 '조롱하는 자'에서 '조롱받는 자'로 끝난 경우다. 그것은 마치 그녀가 판단력이 마비되는 순간을 겪은 것과 같다. 극도의 지속적인 공백기로 치달으며 소용돌이치는 그런 순간.

많은 사회과학자가 폭력이 도덕적 목적을 위해 자행될 때 더 끔찍하다고 말한다. 그래서 만약 어떤 사람이 도덕적인 이유로 누군가를 죽이고 있다고 느끼고, 자신의 편에 도덕성이 있다고 생각한다면, 폭력성은 종종 더 심하다. 이는 소셜 미디어에서 많은 조롱이 난무하는 동안 일어나는 일들과 유사점을 도출할 수 있다. 잔인하다는 것, 왜냐하면 조롱하는 사람들이 도덕이란 이름으로 그렇게 하기 때문이다. 물론, 모든 소셜 미디어에서 행하는 조롱이나 모욕이 다 같다고 할 수는 없다. 때로는 누군가가 정말 나쁜 일을 해서 본보기가 되어야 할 필요가 있다. 그러나 사람들이 큰일로 만들어버리는 것이 그저 어리석은 일일 뿐 아무것도 아닌 일에 불과한 경우가 꽤 흔하다.

모든 형태의 실패는 삶의 피할 수 없는 한 부분이다. 일단 이 사실을 깨닫고 나면, 실패를 후퇴보다는 한 걸음 앞으로 나아가는 기회이자 순간으로 바라볼 필요가 있다. 그러면 실패에 대한 태도를 더 긍정적으로 발전시키는 과정을 시작할 수 있다.

팟캐스트를 하는 동안 나는 가장 성공한 사람들조차도 공개적으로 실수한 순간이 있다는 것을 여러 차례 알게 되었다. 그런 순간들이 그들이 누구인지를 말해주는 일부이기는 하지만, 그렇다고 그런 실패들이 그들을 정의하지는 않는다. 내게 '블랭크 팟캐스트'는 내가 한 실패들에 대해 공개적으로 말하고 그것들이 나를 어떻게 몰아붙였는지 되돌아보게 해주었다. 내가 나의 실패들을 인정하고 받아들일 수 있게 해주었다. 내 말은, 우리 팟캐스트는 편집되지 않는데, 이는 곧 대부분의 방송에서 짐과 나는 알아차릴 수 있지만, 청취자들은 알아차리지 못할 수도 있는 작은 실수들이 있다는 의미다. 그리고 이것은 어린 시절 내가 그 교회에서 쓰러져 들려 나왔던 이야기로 거슬러 올라가 보면, 실패란 보는 사람의 눈에 달려 있다는 생각이다. 대부분의 경우, 실패는 우리가 실패라 보는 것이고, 다른 사람들은 그렇게 보지 않는 것이다.

짐

공개적 실패는 준비가 되었건 되지 않았건 간에 항상 큰 타격을 준다. 나는 스탠드업 코미디언이자 진행자로 활동하면서 무대 위나 카메라 앞에 설 때마다 대중 앞에서 실패를 자초하고 있는 것이나 다름없다. 나에게 유일한 은총이라면 내가 공연하는 코미디와 내가 만드는 프로그램을 보는 사람이 거의 없다는 것이다.

그럼에도 불구하고 일이 잘못되면 정말 뼈아프다. 몇 년 전, 나는 자선 코미디 행사에서 공연을 했다. 나는 지난 몇 년 동안 수백 번의 공연을 했었기 때문에 어떤 면에서는 매우 경험이 많았다. 하지만 TV 진행자로 나선 이후 다시 스탠드업 공연을 한 것은 1년여 만에 처음이었다. (자세한 이야기는 나중에.)

그날 밤 MC는 베넷 아론이라는 훌륭한 코미디언이었다. 그는 완벽하게 청중들의 흥을 돋웠다. 너무 뜨겁지도, 너무 차갑지도 않게. 그는 오프닝 공연에 알맞게 청중이 웃음을 터뜨리기 직전의 상태로 분위기를 유도했다.

제일 먼저 뛰어난 피아니스트에서 코미디언으로 변신한 제임스 셔우드가 나섰다. 그는 무대에 올라 키보드를 꺼내고는 자신에게 주어진 20분 중에서 첫 15분 동안 키보드를 사용하지 않다가 이내 우스꽝스러운 선율을 쾅쾅 만들어냈다. 그 개그를 훨씬 멋지게 만들어 줄 거라는 기대에 차서 말이다.

그다음은 내 순서였다. 이전에 수많은 공연에서 중간 순서를 했었기 때문에, 나는 10분짜리 내 코너를 손바닥 들여다보듯 꿰고 있었고, 이날 밤 공연의 시작은 좋았다. 하지만 무슨 이유에선지 대략 3~4분 정도 지났을까, 나는 설 자리를 잃어버린 느낌이 들기 시작했다. 누군가 온도 조절기를 낮추는 것 같았고, 공연의 온기가 나와 공연장에서 서서히 빠져나가는 것 같았다.

스탠드업을 잘하거나 못하는 것은 유체이탈 경험을 하는 것과 같다. 공연장 뒤편에서 무대 위 자신의 모습을 볼 수도 있고, 관객이 느끼는 감정을 느낄 수도 있다. 공연이 잘 풀릴 때는 정말 굉장하지만, 잘 안 풀리기 시작하면 마치 홀로 차를 운전하고 있는 것 같고, 막을 방법이 없는 교통사고를 보는 것 같다.

보통 공연을 시작하고 첫 1분 정도가 잘 진행되면 나머지는 전체적으로 술술 풀린다. 하지만 이번에는 시작이 좋았음에도 그렇지 않았다. 짧은 코너에서는, 평소 자신의 최고의 개그 중 하나인 마무리 농담으로 넘어가서 무대를 내려가는 느낌이란 게 항상 있다. 하지만 그렇게 멀리 가지도 못하고 무대 위에서 가장 소름 끼치는 일이 일어났다.

또 다른 농담 대목 직후에 나는 잠시 멈췄다. 그런 일이 생기면, 일이 잘 진행되고 있지 않다는 의미다. 왜냐하면, 보통 웃을 수 있도록 잠시 멈추는 것이기 때문이다. 이 고통스러운 침묵 동안, 다음 농담을 시작하기 위해 남은 모든 힘을 끌어내려고 할 때, 나는 맨 앞줄에 있는 젊은 청년 중 한 명이 그의 친구에게 몸을 돌리며 속삭이는 말을 들었다. "안 웃긴데."

속삭임! 그가 친구에게 속삭이는 소리가 들릴 정도로 정말 조용했다. 고맙기도 하지. 그는 내게 날리는 잽을 숨기려 했지만, 나는 그 속삭임을 듣고야 말았다.

그것은 완전한 재앙이라고 할밖에는 달리 할 말이 없는 그런 순간 중 하나였다. 그때까지만 해도 나는 끝까지 이겨내고 무대에서 내려와 다시 편안한 대기실로 돌아가 '괜찮은' 척하며, (비록 다른 모든 코너에서는 관객들이 웃어대느라 시끄러웠지만) 오늘 밤 관객의 컨디션이 좋지 않은 것이라 치부할 수 있으니 모든 게 다 괜찮을 수 있었다. 하지만 '안 웃긴데'라는 말을 듣고 나는 패배를 받아들이는 것 외에 별도리가 없었다.

밀턴 존스는 공연 후에 칭찬을 아끼지 않았다. 사람들이 당신의 기분을 좋게 해주려고 노력할 때 하는 식으로 말이다. 하지만 나는 공개적으로 악몽을 꿨다는 걸 알았다. 대규모는 아니었지만, 최대 150명 정도의 관객이 있었다. 그 정도 규모면 내가 충격을 받고, 공개적 실패라 여기기에 충분했다. 나는 그들을 웃기려고 그곳에 갔었지만 그러지 못했다.

그 공연이 끝나고 집으로 돌아가는 길은 꽤 힘들었다. 솔직히 포장도 해볼까 생각했다. 당시 나는 경력이 거의 5년 정도가 다 되어가고 있었다. 나와 같은 시기에 시작한 내 또래 중 다수는 당시 클럽 공연을 하고 있었다. 에이전트를 구해 TV 프로그램에 출연하고, 투어를 다니며 대개는 놀라운 성과를 내고 있었다. 그런 와중에, 나는 학교 공연장에서 웃기지도 못하고 죽어가고 있었던 것이다.

나는 그 무대에서 더 잘했어야 했는데, 분명 그러지 못했다. 하지만 마음속 깊이 두 가지를 깨닫게 되었다.

첫째, 나는 여전히 스탠드업을 하고 싶다. 이전의 모든 안 좋은 공연 후에도, 나는 여전히 무대로 돌아가서 다시 시도했다. 스탠드업에는 믿을 수 없을 정도로 내가 집요하게 코미디 경력을 이어가게 만드는 무언가가 있다. 그리고 그 투지는 내가 전문적으로 하는 다른 일에도 스며들었다. 이 일이 내가 하는 일이고, 설사 가혹하다 할지라도 이 일을 계속해나가는 쪽을 택할 것이라고 세상에 대고 말해놓고서는, 포기할 생각을 한다는 것은 너무 창피하다고 생각한다. 나는 내 가족, 친구, 그리고 세상을 전반적으로 마주하고 '나는 포기할 거야. 나는 실패했어'라고 말할 수 없다는 것을 알았다. 내가 결코 포기하지 않는다면, 나는 결코 실패하지 않을 것이다. 그렇지 않을까?

둘째, 그날 밤 나는 내 공연이 내 잘못이라는 것을 직감적으로 알고 있었다. 관객도 아니고 MC도 아니고 장소 탓도 아니고… 바로 내가 문제였다. 최근에 나는 코미디 공연을 많이 하지 않아 대단히 녹슬어 있었다. 그것이 공연에서 그대로 드러난 것이었다. 나는 내 실수에 대해 어느 정도 책임을 받아들여야 했다. 그렇게 하는 것이 결국 실수에 대해 뭔가 조치하는 힘을 내게 줄 것이었다.

그리고 나는 해냈다. 뭐 대략 2년여가 흘렀지만, 그럼에도 불구하고 나는 해냈다! 이제 에이전트도 생겼고, 새로운 프로그램도 생겼으며, 내 소재에 대한 새로운 자신감으로 스탠드업도 (희망적으로) 더 잘한다. 나는 이제 무대에 오르기를 고대한다. 일이 잘 돌아가지 않을 때도 달라질 건 없으니 그냥 넘겨버리고 과정의 일부로 보려고 노력한다.

다른 사람들의 기대에 부응하지 못하는 건 삼키기 힘든 알약처럼 받아들이기 힘든 일이고 후회를 남길 수 있다. 이와 관련해 전 맨체스터 유나이티드의 스타이자 TV 해설가인 개리 네빌은 특히 발렌시아에서의 불운했던 활동을 우리에게 공개했다. 이전에 잉글랜드 국가대표팀 수석코치를 지낸 바 있는 네빌은 2015년 12월에 스페인 1부리그의 감독으로 부임했다. 그의 첫 정규직 감독 진출은 순탄치 않았다. 다른 사람들은 그가 트로피로 가득 찬 19년의 선수 경력을 마친 후 새로운 전문가가 되어 최고의 명성을 쌓아온 스카이 스포츠에서의 성공적인 방송 경력을 그만둔 이유를 궁금해했다. 하지만 스페인어를 능숙히 구사하지 못하는 것이 걸림돌이었다. 이는 그가 임명되자 팬들과 기자들이 걱정했던 부분이었다.

그것은 위험 요소였고, 그의 팀은 라리가La Liga에서 9경기 연속 무승을 기록하는 등 시작이 좋지 못했다. 팀 전술과 구성 방식 개선에 실패한 네빌은 바르셀로나와의 경기에서 0대 7로 참패하는 굴욕을 당한 후, 부임 4개월도 채 되지 않아 경질되었다. 그가 떠날 당시, 발렌시아는 리그 14위였으며, 강등권인 18위와의 승점 차는 6점에 불과했고, 감독으로 있던 리그 16경기 중 단 3승만을 거두는 데 그쳤다. 그마저도 무실점으로 승리한 경기는 단 하나도 없었다.

개리는 감독과 코칭은 그가 은퇴 후에 정말로 하고 싶어 했던 일은 아니었다고 말했다. 코치가 되면 매일 매 순간 온전히 몰입해야 한다는 것을 알고 있었기 때문이었다. 그러나 당시 잉글랜드 감독이었던 로이 호지슨이 2012년 그에게 코치팀에 합류해줄 것을 요청했고, 개리는 그것이 급성장 중인 그의 방송 경력에 어울린다고 느꼈다.

이 두 역할의 균형은 경기 시즌이 끝날 때까지, 그의 친구가 소유한 발렌시아로부터 감독직 요청을 받을 때까지는 잘 진행되었다. 개리는 지금까지도 감독직을 수락하고 거기서 한 '어리석은' 실수를 자책한다고 말했다. 스페인어를 구사하는 직원을 포함해 경험이 풍부한 참모진을 동행하지 않은 것, 고작 권한과 통제력을 얻기 위해 선수단을 바꾸지 않은 것, 그리고 강력한 지도력을 충분히 발휘하지 못한 것 등이 모두 실수였다. 그 이후에 그는 그 모든 것들을 실수로 인식할 수 있었지만, 그 당시에는 그러지 못했다. 모든 것이 망했을 때, 그는 자신이 비난받으리란 걸 알고 있었다.

이 이야기에서 개리의 인정이 흥미로운 점은 정직함 말고도 많다는 것이다. 우리가 한번 실수했을 때 그것을 인정하기도 어렵지만, 수많은 실패를 반성하는 데는 진정한 용기가 필요하다. 그 실패들이 세간의 이목을 끌고 자신의 경력에 실제로 영향을 미칠 공개적인 실패와 연결될 때는 특히 더 그렇다. 분명히, 개리 네빌은 그 일을 더 잘 준비했어야 했고, 그는 그 점을 인정한다. 하지만 그건 가슴이 시키는 대로 한 경우였고 그러한 감정들은 때때로 너무 강해서 무시하기 어렵다. 그래서 사람들이 사랑은 맹목적이고 바보 같은 짓을 하게 만든다고 말하는 것이다. 어떤 면에서는 개리가 발렌시아에 부임했을 때처럼 큰 기회가 생길 때, 해야 할 일에 집중하지 못하기가 십상이다. 사실 나는 개리가 다르게 행동했어야 했다고 생각하지 않는다. 이것은 모두 엄청난 학습 곡선이었고, 그의 성장 일부였다. 그는 그 이후로 감독직을 맡지 않았지만, 만약 맡았다면, 분명히 매우 다르게 접근했을 것이다. 때때로 우리에게는 이러한 공개적인 실패와 눈에 보이는 실수들이 필요하다. 그것들이 아무리 고통스럽더라도 우리를 재빨리 정신 차리게 하고 문제를 해결하도록 해주기 때문이다. 또한, 우리가 냉혹한 진실을 빨리 배우게도 만들기 때문이다.

그리고 나 역시 개리처럼 진실을 2016년에 힘들게 배웠다.

나는 JOE.co.uk에 합류해 페이스북 라이브용으로 제작된 첫 축구 TV 프로그램의 론칭을 도왔다. 특히 내가 그 프로그램의 진행자로 제작팀의 일원이 된 것은 대단한 영광이었다. 돌이켜보면, 나는 그 회사의 크리에이티브 감독을 알고 있었기 때문에 그 일을 맡게 되었다.

그럼에도 불구하고 그런 큰 프로그램을 진행하려면 나는 어느 정도 적합해야 했다. 그 프로그램은 제대로 된 나의 첫 TV 출연이었다.

그 프로그램의 처음 몇 주는 시즌 전 훈련과 비슷했다. 열심히 일하면서도 우리는 거의 부상을 입지 않았다. 토트넘의 전설 레들리 킹Ledley King이 매주 단골손님 중 한 명으로 이름을 올렸다는 점을 고려하면 놀라운 일이었다.

어쨌든 나는 오토큐(텔레프롬프터, TV 방송에서 출연자에게 말할 대사를 보여주는 장치 - 옮긴이) 없이도 말을 이어가는 방법과(나는 큐 카드로 작업하는 게 훨씬 더 어려웠다) 프로듀서와 이어폰을 통해 말하는 법을 터득하면서 내 말을 하기 시작했다. 그러면서 동시에 나는 스튜디오에서 꽤 재미있는 축구 관련 대화를 했다. 모두 전에 해본 적이 없는 것들이었다. 나는 나쁘지 않은 일을 하고 있었다.

그러다 사피코엔시 비극이 일어났다.

2016년 11월 말 코파 수다메리카나 결승전에 참가하기 위해 콜롬비아 메데인으로 향하던 브라질 축구팀 사피코엔시 선수단 비행기가 연료가 떨어져 도착지 공항 바로 밖에서 추락했다. 탑승자 77명 중 6명만이 생존했고, 그중 3명은 팀의 선수였다. 그것은 끔찍한 비극으로 세계 축구계를 마비시켰다.

물론 매주 진행되는 축구프로그램인 만큼 우리는 그 참사를 언급하지 않을 수 없었다. 담당 PD는 의미 없이 그 비극을 논하는 대신, 사고 관련자들에 대한 애도와 지원의 메시지로 30분짜리 프로그램을 마무리 짓는 수밖에 없다고 판단했다. 너무 갓 일어나 생생했던 사건이라 토론이 아주 어리석게 생각되었을 것이다.

무슨 이유에서인지, 아마 동료들에게 깊은 인상을 주기 위해서였던 것 같은데, 나는 외워서 독백 형식의 라이브로 전달하기로 했다. 나는 일주일 내내 연습했다. 나는 스탠드업 코미디언으로 기억하는 것이 내가 하는 일이다. 하지만 방송 날 프로그램을 마무리 지을 때, 나는 매우 민감한 이 메시지를 똑바로 전하려고 너무 단단히 결심한 나머지 긴장과 두려움에 휩싸여, 서너 마디 후에 해야 할 말을 잃었다.

프로듀서가 '오 맙소사'라고 중얼거리는 소리가 내 귀에 들렸다. 그 말은 내가 완전히 망쳤다는 것을 확인시켜 주었다. 나는 나머지 부분을 즉흥적으로 말하면서 애도의 말을 무심결에 내뱉었다. 물론 그것은 JOE.co.uk의 공식적인 애도가 되었다. 그러고는 프로그램을 마칠 때까지 외교적인 사고를 일으키지 않으려 필사적으로 애썼다. 최종 프로그램 타이틀이 올라가고, 카메라가 꺼지면서 프로듀서는 방송이 끝났음을 확인했다. 모든 사람이 악수하고 나서 방송 사후 보고를 위해 스튜디오를 떠났다.

나는 풀이 죽었다. 내가 망쳤다는 것을 알았고 프로그램의 기대를 저버렸다고 느껴 스스로 실망했다. 더 중요하게는 끔찍한 지지의 메시지를 더듬더듬 가까스로 마치면서 사고 희생자와 그 가족들을 실망시켰다. 나는 사후 보고에서 눈물을 참아야 했고, 너무 속상하고 창피했다. 밀려 들어올 것이 뻔한 '그 엿 같은 건 뭐야, 짐?!'이라는 메시지가 쏟아질까 봐 두려워 나는 집으로 달려가 전화기를 꺼버렸다.

내가 완전히 망쳤던 그 코미디 공연과는 달리, 이 프로그램은 매주 금요일마다 수천 명의 사람이 시청했다. 나는 그들 대부분이 방송 종료 후에 바로 무슨 일이 일어날지 궁금해할 뿐 아니라 아마도 내가 너무나 중요하고 민감한 독백을 망친 것에 대해 당연히 화가 났을 거라는 것을 알았다.

하지만 딱 한 명만 반응했는데, 바로 프로듀서였다. "훌륭하지는 않았죠?" 그는 히죽거리며 웃었고 눈을 반짝이며 말했다. 그는 내가 그 일로 끔찍한 기분인 걸 알았다. 하지만 또한 그 일로부터 교훈을 얻는 것 외에 내가 더 이상 할 일이 없다는 것도 알고 있었다. 시청자 대부분은 그 불상사를 알아채지 못했고, 영상 아래에는 악플도, 트롤링도, 비판도 없었다. 단지 이전의 어떤 방송 편과 마찬가지로 화제에 대해 반응한 것은 축구 팬들뿐이었다. 그렇다고 내 기분이 좋아졌다거나 교훈을 잊게 하지는 않았다. 나는 이후 비슷한 종류의 메시지를 전달할 때 언제나, 항상, 큐 카드를 읽으리라 명심했다.

이 일은 전 세계가 볼 수 있었던 실패였다. (그들이 보기를 원했다면) 사실, 지금도 JOE.co.uk 페이스북 페이지에 가면 여전히 그 영상을 볼 수 있다. 하지만 역대급으로 부끄럽고 창피해 보이는 방송 중의 많은 우리의 실패가 그렇듯이, 대부분의 다른 사람은 거의 그 실패를 눈치채지 못하고, 인생은 매우 빠르게 흘러간다. 그리고 심지어 눈에 띄는 실수조차도 어쨌든 종종 수용된다. 우리는 모두 인간이고, 모두 실수를 한다.

또한, 영국 채널4 방송 프로그램인 〈카운트다운〉의 전설 수지 덴트 Susie Dent가 블랭크 팟캐스트의 초대 손님으로 왔을 때 다른 사람들이 알아차리지 못할 수도 있는 공개적 실패의 인지에 대해 이야기했다. 비록 JOE.co.uk의 프로듀서는 동의하지 않을지도 모르겠지만 말이다. 수지는 옥스퍼드와 프린스턴 대학에서 현대언어를 공부한, 엄청나게 지적인 사람이다. 하지만 청중들 앞에서 말하는 것을 특히 편하게 받아들이지 못한다. 그럼에도 불구하고 청중 앞에서 이야기하는 것은 그녀가 북 투어에서 해야 하는 일이다. 물론, 〈카운트다운〉 내의 사전 편찬자의 역할에서도 해야 할 일이다.

그녀는 언어가 자신의 '일'이기 때문에 항상 완벽하게 설명해야 한다는 부담감과 주제를 잘 파악해야 한다는 부담감이 크다고 말했다. 하지만 그녀는 종종 머릿속으로 자신이 뭐에 대해 말하고 있는 건지 모르거나, 자신이 무슨 말을 하고 있는지 충분히 알지 못한다고 생각한다. 그녀는 문법이 틀릴까 봐 자신에게 문자 보내기가 걱정된다는 친구들 때문에 일상생활에서조차 부담감을 느낀다고 덧붙였다.

그러나 수지는 우리에게 그런 당혹감, 수치심, 취약성을 인정하기 위해 노력해왔고, 그것을 포용하려고 노력했다고 말했다. 이는 공개적인 실패의 순간이나 단순히 실패를 두려워하는(때로는 더 나쁜) 순간에 우리가 모두 할 수 있는 일이다. 진실은 아무도 당신만큼 그 실패에 대해 신경 쓰지 않는다는 것이다. 그리고 머지않아 그 일은 지나갈 것이고, 모든 사람은 앞으로 나아갈 것이다.

수지는 뭔가를 하지 못하게 하는, 두려움에 직면하게 하는 이야기를 많이 읽었다고 말했다. 그녀는 만약 어떤 나쁜 일이 일어난다면, 일주일 후면 아무도 그 일을 기억하지 못할 것이다. 또한, 그러한 당혹스러운 순간이 너무 두려워서 시도하지 않았다면 배우지 못했을 무언가를 배우는 데 실제로 도움이 될 것이라고 스스로에게 말해왔다. 동시에 그녀는 모든 인터뷰에 응해야 한다고 생각하지 않아도 된다는 것을 배웠다. 특히 그녀가 인터뷰 주제에 있어서 권위자가 아니라면 말이다.

취약성은 삶의 일부고 꼭 나쁜 것이 아니다. 그래서 그녀는 항상 최악의 상황이 일어날 거라고 상상하지 않기로 했다. 그리고 사람들에겐 각자의 일이 있고, 그녀만큼 많은 시간을 그녀의 나쁜 순간에 대해 생각하지 않을 거라고 자신에게 상기시키기로 했다. 그냥 흘려보내고 "뭐 어쩌겠어. 신경 안 써"라고 말해도 괜찮다.

우리는 모두 가끔 '뭐 어쩌겠어. 신경 안 써'라는 말을 좀 더 많이 사용하기도 한다. 우리는 우리가 한 바보 같은 짓에 집착하지만, 그것들을 놓아버리고 흘려보내는 것이 자유로워지는 길이다. 그것은 어깨를 가볍게 하고 일어난 일은 그냥 일어난 대로 두고 앞으로 나아가는 것과 같다. 일어난 일을 걱정하지 않음으로써 돌려받는 시간의 흡족함은 말할 것도 없다. 왜냐하면, 그 일을 생각하느라 시간을 낭비하는 사람은 오직 당신뿐이기 때문이다.

수지의 이야기에서 꽤 위안이 된 점이 있다. 바로 이 놀라운 지능을 지닌 사람, 보통 나를 열등하다고 느끼게 만드는 그런 부류의 사람이 나와 똑같은 취약성과 걱정을 안고 있다는 사실을 알게 된 것이었다. 이런 고민을 공유해준 수지는 정말 용기 있는 사람이었고 실제로 나에게 위로가 되었다. 나는 그때 그녀에게 정말 고마웠다.

놓아버리고 흘려보내는 자유는 우리가 TV 사회자인 한 초대 손님과 이야기를 나눌 때 분명히 동의했던 사안이다. 수지 같은 사람보다 더 낙관적인 성격이면서도 그 사회자는 다른 각도의 놓아버리고 흘려보내는 자유를 누리고 있었다. 간단히 말해서, 그 초대 손님에게는 훨씬 더 많은 '뭐 어쩌겠어. 신경 안 써'가 있었다.

그 초대 손님은 3개의 동심원을 이야기했다. 가운데에 있는 가장 작은 원은 자신의 통제 안에 있는 것이다. 그러고 나서 두 번째 원이 생기는데, 이는 자신의 영향력 안에 있는 것들이다. 그리고 바깥쪽 원은 자신이 통제할 수 없는 모든 것을 포함한다. 만약 자신의 통제 밖에 있다면, 그것에 대해 걱정하느라 시간을 낭비할 필요가 없다. 만약 그것이 자신의 영향력 안에 있다면, 그것에 대해 걱정할 만한 요소가 있겠지만, 너무 많이 걱정하지는 마라. 그리고 그것이 자신이 통제할 수 있는 것이라면, 그것은 자신에게 달려 있다. 나는 이 세 동심원이 아주 강력한 이미지라고 생각한다.

그 초대 손님은 계속해서 극심한 책임감의 실천을 이야기했다. 이 사회자는 일이 잘못되었을 때, 자신을 비난할 것이다. 하지만 사실상 자신의 잘못일 경우에만 그럴 것이다. 예를 들어, 기술적 결함 때문에 방송 촬영이 잘못되는 경우처럼 자신이 통제할 수 없는 안 좋은 일이 발생한다고 하자. 그러면 그 사회자는 즉시 그 일을 그냥 흘려보낸다. 그 사회자가 어찌할 도리가 없는데, 그 일에 집착하는 것은 에너지를 낭비하는 것이기 때문이다. 하지만 아무리 작더라도 책임의 소지가 있다고 생각하면, 그 사람은 그것에 집중하고 싶어 한다. 왜냐하면, 그것이 그 사회자가 배울 수 있고 다음에 바꿀 수 있는 것이기 때문이다. 그 사회자는 자기 자신에게 책임질 수 있도록 힘을 주는 것을 이야기했다. 만약 당신이 할 수 있었던 일이 작은 것 하나 없었더라도, 괜찮다. 자책해서는 안 된다. 하지만 그 초대 손님은 대부분의 경우에 무언가를 찾을 수 있다고 설명했다. 그냥 스쳐 지나치고 싶진 않다면, 자기 자신에게 24시간 동안 기분 나빠할 시간을 주어야 한다고 말했다. 이는 무언가를 찾는 과정의 일부다. 하지만 다음 날쯤에는 그런 실패를 피하도록 다음번에 할 수 있는 일에 집중해야 한다. 같은 실수를 반복하지 않도록 확실히 해야 한다. 바꾸고 싶을 만큼 충분히 기분이 나빠야 한다. 그것이 그 사람이 전하는 메시지의 핵심이었다.

내게는 자책하거나 나 자신이나 한탄하고 있을 변명은 필요치 않다. 때로는 내가 어떤 실수조차 하지 않았는데도 그럴 때가 있다. 하지만 실수는 개인적인 수치심을 수반하는 과정이고 그것이 좋다는 생각은 흥미로운 것이다. 배울 수 있다면, 자책하는 게 좋다는 것이다. 그게 핵심이다. 몇 주 동안 계속 실수할 때마다 자신을 비난하고

서는 한 달 뒤에도 같은 실수를 반복해서는 안 된다.

내가 스탠드업 코미디를 하던 초창기 시절에 코미디언 '사라 밀리컨Sarah Millican의 11시 규칙'에 근거한 몇 가지 조언이 떠오른다. 그것은 반성, 균형, 배움과 넘어가는 것에 관한 것이다. '매 공연이 끝난 후, 그것이 훌륭했든 끔찍했든 상관없이, 다음 날 오전 11시까지 그 공연을 누리거나 그것에 빠지는 것'이다. 만약 훌륭했다면, 오전 11시까지 자신이 대단하다고 생각하는 것이다. 만약 망쳤다면, 오전 11시까지 스스로 그것을 느끼도록 놔두는 것이다. 그런 다음 그냥 흘려보내고 다음으로 넘어가는 것이다.

사라는 영국에서 가장 사랑받는 성공한 코미디언 중 한 명이다. 그 때문에, 그 규칙은 분명히 그녀에게 효과가 있었다. 나는 그 규칙을 배운 이후로 그것을 나에게 적용하려고 노력했다. 끔찍한 공연이 서로 뒤를 잇는 것처럼 보였던 스탠드업 코미디에서 몇 주 정도 잠시 벗어나 있는 것은 나에게 꽤 도움이 된 규칙이다. 완전히 솔직하게 말한다면, 나쁜 공연보다 좋은 공연이 끝난 후에 다음으로 넘어가기가 더 쉽다. 그리고 어쩌면 그것이 그저 인간의 본성일지도 모른다. 우리가 부정적인 것에 초점을 맞추는 것도 그렇다. 그러나 실제로 다음으로 넘어가기 전에 자신에게 그러한 원초적인 감정을 느끼는 기회를 허용하는 것은 그 과정에 도움이 된다.

그 TV 사회자 역시 자책하는 것에 대해 그렇게 말했다. 자신을 책임에서 자유롭게 하지 말고, 조금은 자책하라. 하지만 나중에 반드시 그 상처를 친절하게 치료하고 다시는 그러지 않도록 확실히 배워야 한다. 여기서 한 가지 내가 말하고 싶은 것이 있다. 만약 전날 오전 11시 1분에 실수했다면, 오늘 오전 11시까지 그 일에 정신없이 빠져 있는 것은 그다지 도움이 되지 않을 수도 있다는 것이다!

나는 이 잔인한 접근법이 '왜 나는 실패했을까?'라는 질문을 던지는 것이기도 하다고 생각한다. 우리가 스스로에게 그 질문을 해보면, 앞으로 하지 말아야 할 것을 찾는 방향으로 갈 수 있다. 이 장에서 언급한 나의 실패는 거의 모두 준비와 경험 부족으로 귀결된다. 나는 내가 더 잘 준비했다면 두 상황 모두에서 더 잘하고 마무리할 수 있었을 거라는 것을 알고 있다. 예를 들어, TV 프로그램에서의 실수는 말을 더듬을지도 모른다는 것을 미리 생각하고 인정했다면, 프로듀서에게 사피코엔시 배지 같은 정지 이미지를 화면에 띄워 달라고 부탁할 수도 있었을 것이다. 그러고는 내 큐 카드를 보며 독백해나갈 수 있었을 것이다. 내가 못 웃긴 그 공연도 내가 좀 더 꾸준히 공연했었더라면 그날 밤에 훨씬 더 잘했을 것이다. 그렇게 실력이 녹슬지도 않았을 것이다. 그리고 내가 공연 사이사이에 더 많이 글을 썼더라면, 아마 참고할 수 있는 더 좋은 자료가 있었을 것이다.

이 중 어떤 것도 획기적인 아이디어는 아니다. 하지만 매우 당혹스러운 공개적 실패를 겪은 내가 무엇을 잘못했는지 깨닫고, 앞으로 비슷한 시나리오를 확실히 피할 수 있도록 해주었다. 그리고 그 이후로 나의 TV 출연과 공연은 훨씬 더 성공적이었다는 것을 알리게 되어 기쁘다. 나는 단지 조금만 자책하고 그 후에 내가 한 실수로부터 더 나은 무언가를 배울 필요가 있었다.

2장

가면 증후군

런던으로 처음 이사했을 때, 나는 정말 자신이 없다고 느꼈다. 내게 시간이 걸렸던 한 가지는 도움을 청하고 스스로 어떻게 느끼는지에 대해 사람들에게 이야기하는 것이었던 것 같다. 나는 상당히 가면 증후군을 겪고 있지만, 우리 모두에게는 주변에 그런 사람들이 있다. 그들은 한 무리의 사람들이나 친구들일 수도 있고, 아니면 당신에게 솔직할 수 있는 한 사람일 수도 있다.

_ **로라 휘트모어** Laura Whitmore

자일스

우리는 대부분 한두 번쯤, 자신이 못한다고 느끼는 상황을 겪어본 경험이 있다. 마치 우리가 사기꾼인 것 같고, 무슨 일을 하든 그 일에 훨씬 더 나은 자격을 갖춘 사람이 있다고 느끼는 것 말이다.

배우 존 브래들리가 블랭크 팟캐스트에 출연했을 때, 자신이 하고 싶은 연기의 유형은 항상 매 1초 1초를 최대한 활용하는 것이라고 말했다. 단순히 대사를 익히는 것뿐만 아니라 신체적인 측면도 마찬가지다. 그는 자신의 연기에 가능한 한 많은 색을 넣으려고 노력한다고 설명했다. 그러나 그렇게 하다 보면, 때때로 스스로 문제를 만들 수 있다. 왜냐하면, 실제로는 그렇게 할 필요가 없고 때로는 그냥 그 이야기를 하는 것이 훨씬 더 간단하고 더 쉽기 때문이다.

존은 그것이 노동자 계급과 관련이 있다고 생각한다. 자신이 정말로 거기에 있어서는 안 된다고 느끼는 것이다. 그에게 있어 그것은 일종의 열등감 같은 것이다. 이런 이유로 그는 대부분의 사람들보다 훨씬 더 자신을 강하게 몰아붙인다. 그것을 가면 증후군이라고 하는데, 실제로 그는 자신을 캐스팅할 때 옳은 결정을 했다는 것을 사람들에게 확신시키기 위해 항상 최선을 다해 열심히 일한다.

가면 증후군(혹은 가면 현상)은 1970년대 심리학자 폴린 로즈 클랜스Pauline Rose Clance와 수잔 임스Suzanne Imes에 의해 처음 확인되었다. 그들은 때때로 우리가 사실은 명백히 그렇지 않음에도 자신을 부족하고 무능하다고 믿는다는 이론을 제시했다.

나는 최근 트위터를 통해 다른 사람들에게 가면 증후군이 그들에게 어떤 의미인지 한마디로 요약해달라고 부탁했다. 나는 응답하는 사람들의 숫자에 놀랐고, 사기, 불안정한, 무서운, 자격이 없는, 부족함, 불안, 자기 회의, 사기꾼, 가치 없는 등과 같은 많은 단어가 몇 번이고 올라오는 것에 또 놀랐다.

사실, 우리가 이 팟캐스트를 만드는 동안 그 모든 단어가 나에게 적용되었다. 나는 내가 이 일에 적합하지 않은 사람이고, 내 능력의 한계와 경험이 드러나게 될 거라고 느낀 순간이 많았다. 그렇게 놀라운 성공을 거둔 많은 사람을 만나 얘기한다는 건 고무적인 것만큼이나 겁나는 일이다.

비록 지금까지 이런 부족하단 느낌들이 이 프로젝트를 단념케 하지는 못했다. 하지만 매번 새로운 방송을 할 때마다, 내가 제대로 팟캐스트를 진행하거나 연출하지 못하고 있고 그것이 곧 탄로가 날 거라는 임박한 종말의 느낌이 들었다. 그런 느낌이 내 마음속에 무겁게 드리우는 것을 인정하지 않을 수 없다. 사실 편집자에게 이 책 원고를 보내기 전에 이 말들을 다시 읽으면, 내가 다음과 같은 생각을 할 거라는 것을 안다. '그들은 이런 허울뿐인 글을 절대 출판하지 않을 거야.' (이쯤 되면 독자들도 비슷한 생각을 표현하고 있을지도 모르겠다.)

가면 증후군은 내 창작 생활의 대부분에 영향을 미친다고 말해야 할 것 같다. 기사를 쓰든, 반복 악절을 연주하든, 나는 내 능력이나 성취가 결코 자신 있게 느껴지지도 않거니와 속이 뒤틀리고 가슴은 벌렁대기만 한다. 블랭크 팟캐스트를 하면서 내가 확인한 엄연한(그리고 긍정적인) 현실은 얼마나 많은 초대 손님들이 나와 같이 느끼는지, 그리고 창조적인 사람들 사이에서 가면 증후군이 얼마나 만연해 있는지였다. 세상에서 가장 성공한 사람들조차도 그런 순간들이 있었을 것이다. 배우 조디 포스터를 생각해보자. 영화 〈피고인The Accused〉으로 아카데미 여우주연상을 받은 그녀는 사람들이 상을 도로 가져가려고 집으로 찾아와서 문을 두드리며 이렇게 말할 것으로 예상했다고 말했다. "실례합니다. 우리는 그 상을 메릴 스트립에게 주려고 했습니다."

튜링 테스트

1950년 영국의 수학자이자 컴퓨터 과학자인 앨런 튜링(Alan Turing)은 인간과 동등하거나 구별할 수 없는, 지능적인 행동을 보이는 기계의 능력을 평가하는 테스트를 제안했다. 그것은 컴퓨터가 인간만큼 지능적일 수 있다는 견해에 대한 많은 추측과 논쟁을 일으켰다.

이 테스트에는 인간 평가자가 컴퓨터와 다른 사람에게 일련의 서면 질문을 보내고, 다시 각각으로부터 답변을 받는 과정이 포함되어 있다. 만약 질문하는 사람이 답변에서 인간과 컴퓨터를 구별할 수 없다면, 컴퓨터가 지능적인 것으로 간주되었다.

그로부터 40년 정도 지난 1990년대에 사회학자 해리 콜린스Harry Collins는 나중에 '상호작용 전문지식'이라고 불리는 이론을 증명하기 위해 이 튜링 테스트를 사용하기 시작했다. 콜린스의 연구에는, 예를 들어 색맹인 참가자들이 색맹이 아니라고 통과될 수 있는지, 또는 절대음감이 없는 참가자들이 음높이를 인식할 수 있는 것으로 통과될 수 있는지, 또는 그 반대인지를 살펴보는 것이 포함되어 있다.

그 결과는 매우 흥미로웠고, 패턴이 있었다. 색맹이 있는 사람들은 그렇지 않은 사람들보다 더 잘 테스트를 통과했다. 반면 색맹이 아닌 참가자들은 마치 그들이 색맹이 있는 것처럼 테스트를 통과하기가 훨씬 더 어렵다는 것을 알게 되었다. 신기하게도 절대음감을 가진 사람들이 절대음감을 갖고 있지 않은 사람들을 더 잘 모방할 수 있었다. 분명한 것은 다른 요인이 작용하고 있다는 것이다. 그 하나가 다른 감각을 안내하는 강력한 설명자인 언어다. 언어는 당신이 색맹이라는 사실을 숨기는 것이 더 쉬운 이유를 설명해줄 수 있다.

콜린스는 직접 물리학자 행세를 하여 자신의 이론을 실험할 수 있는지 알아보기로 결심했다. 여러 해 동안 많은 물리학자와 함께 시간을 보내고 이야기를 나누면서, 그는 다른 사람들을 설득하기에 충분한 전문지식을 얻었다고 생각했다. 이를 시험하기 위해 그는 중력과 물리학에 대한 일곱 가지 질문에 답했고, 실제 중력 물리학자가 같은 질문에 대해 한 답변과 함께 이 분야의 전문가 9명에게 답변서를 보냈다. 이 9명의 전문가 중 7명은 결정을 내리지 못했고, 2명은 콜린스를 물리학자로 받아들였다.

콜린스의 실험이 보여주는 것은 동료와 멘토들과 대화하고 상호작용함으로써, 우리는 우리의 지식과 기술 수준을 더 낮게 느낄 수 있다는 것이다. 튜링 테스트는 '모방 게임'이라고도 불린다. 하지만 우리 자신의 가면 증후군에서 우리가 준비되지 않은 채 즉흥적으로 하고 있다는, 권위가 없다고 느끼는 순간은 발견과 배움의 시간이라는 것을 인식할 필요가 있다. 모방은 단지 목적을 위한 수단일 뿐이라는 것을 인식할 필요가 있다.

우리가 가면 증후군의 희생자가 되는 그런 순간들을 피하도록 우리 자신의 정체성을 관리해야 한다는 생각은 던 프렌치Dawn French가 팟캐스트에 나와 뉴욕에서 어린 교환 학생으로 있었던 시절을 이야기할 때 넌지시 언급한 것이다.

던은 자신이 미국으로 갈 거라는 것, 미국의 어디로 갈지 선택하는 과정에서 선택권이 주어진다면 살고 싶은 곳을 적는 서류 양식을 작성해야 한다는 것을 알고 있었다. 그 당시 던은 말을 타는 진짜 시골 소녀였고, 도시에서 살아본 적이 한 번도 없었다. 그래서 그녀의 첫 번째 선택은 오클라호마였고, 그녀는 큰 안장, 무스탕과 카우보이들을 상상했다. 그것이 그녀가 상상했던 미국의 모습이었다. 하지만 다른 모든 아이가 첫 번째로 뉴욕을 선택했기 때문에, 반대로, 던은 뉴욕으로 보내지고, 다른 아이들은 오클라호마에 배정되었다. 이 때문에 던은 화가 났다. 그녀가 뉴욕에 대해 아는 거라곤 〈경찰관Kojak〉 같은 용감한 경찰 프로그램에 나오는 것들이 전부였다. 그녀에게 도시는 살해당할 수도 있는 곳으로 보였기 때문이었다. 하지만 그녀가 작은 가방과 부모님이 그녀를 위해 저축한 돈을 가지고 비행기를 탔을 때, 문득 이런 깨달음을 얻었다. 그녀가 곧 만나게 될 모든 사람은 그녀를 알지 못하니까, 자신은 무엇이든 될 수 있다고 말이다. 그녀는 자신감 있고, 재미있고, 예리하고, 인기 있는 뉴요커처럼 되기로 했다. 그녀는 그런 가식을 유지하는 것이 때때로 지칠 때가 있다는 것을 안다. 하지만 어느 정도 그런 자신감을 가진 것으로 꾸미면, 그 자신감을 따라잡아 자신의 것으로 만들 수 있다. 결국, 그녀는 진짜로 그 자신감을 가지게 되었다.

종종 우리가 무언가를 한창 하고 있을 때, 내면의 이야기가 지배하기 시작하면 외부의 목소리는 방해만 되고 도움이 되지 않는다고 느

낄 수 있다. 그리고 그건 칭찬을 받을 때조차도 그럴 수 있다. 어떤 면에서는 가끔 우리가 자격이 없다고 느끼는 감정을 악화시키고 자신의 성공을 인정하는 우리의 능력을 방해할 수도 있다.

한 코미디언은 팟캐스트에 나와서 정말 솔직하게 무대에서 내려온 지 처음 30분도 채 안 되었는데 누군가가 칭찬하면 못 견디겠다고 말했다. 그 코미디언은 자신의 인생에서 최고 공연 중 하나였다는 시사회 공연을 회상했다. 무대에서 내려온 지 20분도 되지 않아, 한 친구가 가장 멋진 말을 해주었는데 속이 영 꺼림칙했다. 그 코미디언은 그 말들이 싫은 데다 좌절감이 들자 자신에게 질문을 던지기 시작했다. '나에게 무슨 문제라도 있는 걸까? 내가 왜 이렇게 칭찬받는 일에 거부감을 가지는 거지?' 그 코미디언에게 공연 후의 그러한 순간들은 정말 취약한 시간이다. 그 코미디언이 한 말이 내게 와닿았고, 앞으로 있을 그런 순간의 내 감정에 어떻게 다가갈지 확실히 판단할 수 있었다.

개리 네빌이 출연했을 때였다. 그는 부정적인 생각에 빠져 있을 때 부정적인 의견과 긍정적인 의견을 모두 다루는 방법을 찾기 위해 심리학자의 조언을 구했다고 말했다.

심리학자는 개리에게 아침에 기분 좋게 일어났다면 긍정적인 마음 상태로 그날 정말 열심히 일하고, 만약 신문에서 부정적인 내용을 읽거나 길 건너편에서 누군가가 그에게 소리친다면, 갑자기 앞의 그 긍정이 부정으로 바뀔 수 있다는 점을 생각해보게 했다. 개리는 이 불합리함에 의문을 가졌다. 당신은 수천 시간 동안 일했고, 평생을 축구에 바쳤다. 그런데도 종이에 적힌 어떤 말 또는 당신에게 소리치는 누군가가 당신의 전반적인 관점에 영향을 미치도록 내버려 두는 것이다. 이 예시를 통해, 그는 칭찬마저도 거부할 정도로 상황을 단순화할 수 있었다. 그는 만약 과도한 비판과 칭찬을 모두 버릴 수 있다면, 소음을 줄이고 바라건대 아마 자기 자신을 안정시킬 수 있을 거라고 느꼈다.

물론 어느 정도의 겸손은 결코 나쁜 것이 아니다. 하지만 우리 중 많은 사람이 너무 자주 피드백으로 부정적인 반응을 선택한다. 그래서 그것이 제2의 천성이 된다. 그리고 우리는 이런 마음가짐과 더불어 이와 똑같이 구는 다른 사람들의 마음가짐을 너무 많이 신뢰한다.

가면 증후군은 내게 두 가지 다른 방식 중 하나로 다가온다. 때로는 누군가가 내 뒤로 조용히 다가와 손으로 내 두 눈을 가린 채 귀에 대고 '누굴까요?'라고 속삭이는 것 같기도 하다. 또, 어떨 때는 얼굴을 세게 한 대 얻어맞은 것처럼 느껴진다. 어느 쪽이든 나를 놀라게 만들기는 매한가지다.

블랭크 팟캐스트의 초기 방송들에서 짐의 구호가 되기 시작한 것은 '우리 자신에게 승리를 안겨주는 것'이었다. 그건 우리가 지나치게 스스로에게 엄격해서 자신의 성과를 즐기지 못하는 경우가 종종 있다 보니, 내면의 대본을 바꾸면 우리가 그 상황에 더 마음 편안하게 있을 수 있게 될 거란 생각이었다. 내 마음속 대본을 바꾸는 일이 간단하지는 않았다. 하지만 초대 손님들을 만나 그들의 경험을 듣다 보니, 이제는 '그들은 내가 어떤 사람인지 알게 될 거야, 난 이 일에

서툴러'라는 생각은 덜하게 된다. 대신 '괜찮아, 새로운 경험은 새로운 도전과 배움을 선사하고, 시간이 걸릴 뿐이지. 성공할 거야'라고 더 많이 생각하게 된다.

우리 모두에게는 어느 정도 즉흥적으로 반응하는 순간들이 있게 마련이다. 그리고 어쩔 수 없이 그럴 때가 생기면, 꼭 기억해야 할 것은 우리는 혼자가 아니고, 앞으로도 결코 혼자가 아닐 거라는 것이다.

짐

가면 증후군은 누구에게나 상당한 영향을 미칠 수 있다. 이상하게 들리겠지만, 생각보다 훨씬 더 많은 사람이 자신을 의심하고 있다. 유명하든 유명하지 않든, 부유하든, 가난하든, 키가 크든, 작든, 누구든지 말이다. 대부분 어느 순간, 그들이 완전한 사기꾼이라고 생각하고 있다.

거의 모든 사람이 그렇지 않을까. 가면 증후군으로 인해 고전하지 않은 사람을 떠올려 보려고 애썼는데, 생각나는 사람은 무하마드 알리, 알리 디아, 크리스티아누 호날두뿐이었다. 그리고 심지어 호날두도 2003년 맨체스터 유나이티드에 처음 입단했을 때 자신의 머리 모양에 대해 의구심을 가졌을 것이다. 하지만 어쨌든, 요점은 가면 증후군은 당신이 얼마나 성공하고 존경받는지는 상관하지 않는다는 것이다. 그것은 어느 시점에, 당신의 성공이 자신의 능력 밖이라고 생각하도록 만들 것이다.

저널리스트로 훈련받은 후 코미디와 TV 진행자로 자리를 옮긴 나는 가짜, 사기꾼 같단 느낌을 받은 순간들이 수없이 많았다. 하지만 지역뉴스 기자로 활동하던 초창기 시절부터 눈에 띄는 사실이 하나 있다.

내가 다닌 대학은 아직 공식적으로 학위를 수여할 수 있는 지위를 부여받지 못했다. 그 때문에 나는 다른 대학에서 수여한 학위를 가지고 졸업했고 1년이 지났다. 이는 상황이 보기보다 더 힘들어질 거라는 경고 신호였어야 했다. 하지만 그건 이미, 젠장, 불가능해 보였다.

그러나 나는 기자가 되고 싶은 마음이 간절했다. 나의 첫 직장은 조용한 작은 마을 어크필드를 취재하는 '어크필드 쿠리어Uckfield Courier'였다. 아무 일도 일어나지 않는 지역에서 뉴스로 15페이지를 채우려는 것은 돌멩이에서 피를 뽑는 것과 같았다. 나는 마을 행사를 기원했고, 케이크 판매량을 시각화했으며, 어크필드에 홍수가 나도록 기우제 때 추던 춤을 추기도 했다(내가 이 신문사에 오기 2년 전, 홍수가 났었다. 나는 보트를 타고 시내 중심가를 내려오는 사람들의 사진을 여러 차례 보았다…).

나는 매주 마을 주변의 의원 여럿과 취재원들에게 전화를 걸어 250개 단어로 쓸 수 있을 만큼 흥미로운 일을 말해달라고 간청했다. 그러곤 괜찮은 사진을 찍어서 내게 보내주면 좋겠다고 희망했다. 그러면 내가 신문사에 있는 이상한 사진작가 중 한 명에게 가서 사진을 촬영해달라고 부탁할 필요가 없어질 테니까 말이다.

뉴스가 절실했던 어느 날, 나는 (정말 기억이 나지 않는) 어떤 내용으로 진행한 지역 NHS 트러스트NHS Trust(영국 국민의료보험신탁-옮긴이) 회의에 관한 뭔가를 보았다. 편집장은 그것이 괜찮은 이야기가 될 수도 있다고 생각해 나를 루이스 병원으로 보냈다. 그곳에 도착해 나는 정장을 입은 2명의 남자와 함께 사무실로 안내받고 서류 더미가 가득한 테이블에 앉았다. 마치 취업 면접을 보는 듯한 기분이었다. 그들은 몇 시간 동안, 내가 아직 NCTJNational Council for Training of Journalists(국립저널리즘교육원) 시험을 통과하지 못했기 때문에 알지 못하는 의학 전문용어와 지방 정부에 대해 계속해서 언급하는 것같이 느껴졌다. 나는 화재경보기가 울리기를, 아니면 실제 화재라도 발생하길 간절히 바라면서, 그 모든 말에 압도된 채 그곳에 앉아 있었다.

전에도 한 번 이런 무력감을 느낀 적이 있었다. 몇 년 전 AS-레벨Advanced Subsidiary Level(영국 학생들이 보통 17세 무렵에 치는 시험으로, 그다음 해에 치는 A2 시험과 함께 대학 입학 자격시험인 A 레벨을 구성한다.-옮긴이) 체육시험에서, 나는 시험지를 열어보고는 한 문제도 답을 할 수 없다는 걸 깨달았다. 재미있게도 문제가 모두 축구가 아닌 생리학에 관한 것이었기 때문이었다. 축구라면 잘했던 터라, 나는 모든 것을 알 수 있으리라 생각하고 시험공부를 하지 않았었다. 시험시간 동안 나는 그저 조용히 앉아 있어야만 했다. 하지만 그 당시 나는 지역 기자로서 (상대적인) 권위를 가진 위치에 있었기 때문에 이런 상황이 더 후회스럽게 느껴졌다. 나는 그들이 무슨 말을 하고 있는지 조금이라도 알고 있었어야 했다. 하지만 나는 하나도 이해하지 못했다.

그래서 난 웃으며 고개를 끄덕이고 메모를 하며 요령껏 그 상황을 헤쳐나갔다. 밖으로 안내받기 전까지 무슨 일이 일어났는지, 아니면 내가 이 이야기를 위해 뭘 써야 할지 완전히 확신하지 못했다. 나는 차로 돌아가서 무력감과 사기꾼 같은 느낌에 휩싸여 눈이 붓도록 울었다. 나 자신과 편집장, 그리고 빌어먹을 이스트 서섹스 NHS 트러스트가 실망할 거라고 확신했다. 그러나 가면 증후군과 관련된 거의 모든 것이 그렇듯이, 상황은 내가 생각했던 것만큼 나쁘지 않았다.

내가 사무실로 돌아왔을 때 편집장은 기본적으로 그 이야기에 대해 잊어버렸기 때문에 나는 그것을 쓸 필요가 없었다(나는 단지 거기에 별 이야기가 없다고 중얼거렸고, 그녀는 그것에 만족하는 것 같았다). 내가 유쾌했고 나와 '일한 것'이 즐거웠다는 말이 결국 그 회의에 참석했던 고급 관료들로부터 들려왔다. 몇 달 후, 나는 그 역할에 더 많은 자신감을 가지기 시작했다. 질문하는 것이 좋은 대화의 시작점일 뿐 아니라 내 직업의 근본적인 부분이라는 것을 깨달으면서.

이 일을 돌이켜보면, 나는 가면 증후군이 우리가 생각만큼 실제로 심하게 실패하지 않았다는 점과 다른 사람들이 우리가 우리 자신을 보는 식으로 우리를 사기꾼으로 보지 않는다는 점에서, 공개적 실패와 본질적으로 연관되어 있다는 것을 깨닫는다. 사실, 다른 사람들은 보통 자신의 문제에 너무 열중하느라 우리가 무엇을 하고 있는지 알아차리거나 신경 쓸 겨를이 없다.

우리가 내적으로나 외적으로 자신에게 반감을 품고 편견에 갇힌 채 서사를 설정하면 다른 사람들도 따라서 우리에게 그럴 것이다. 하지만 우리가 티를 내지 않고 다른 사람들이 판단하도록 내버려두면, 그들은 100번 중의 99번은 우리가 우리 자신에 대해 비판하는 것처럼 결코 우리에 대해 비판적이지 않을 것이다.

한 영화 비평가가 소파에 앉아 TV에 나오고 있는 영화를 혹평하는 모습을 상상해보라. 그 영화는 당신의 삶이고 그 프로그램을 보는 유일한 사람이 당신이다. 만약 다른 사람들이 그 영화를 보지 않는다면, 그들은 그 서사를 알아차리지 못할 것이다. 당신이 바로 그 비평가인 셈이다. 이건 타인의 꿈에 들어가 생각을 심는 영화 〈인셉션 Inception〉이 아니다!

어쨌든 1년 후, 나는 어크필드 쿠리어를 떠나 세븐오크스 시에 있는, 주요 간행물을 담당하는 그 회사 계열의 한 곳으로 옮겼다. 그때 나는 NHS 트러스트 회의의 대실패에도, 그 회사에서 가장 똑똑한 젊은 기자 중 한 명으로 알려졌다. 나는 지방 정부의 예비 시험에도 통과하지 못했다. 물론 NHS 트러스트도 포함해서. 나는 그 회의에서 얼마나 무기력하고 기운이 빠졌었는지 아무에게도 말한 적이 없었다. 그래서 내가 일을 망쳤다고 생각하는 사람은 아무도 없었다. 게다가 당시 내 경력은 탄력을 받고 있었다. 아, 그리고 내가 떠난 직후 어크필드 쿠리어는 총 발행 부수가 사상 최저치를 기록했기 때문에 발행을 중단했다. 그럼에도 불구하고 나는 내 상황을 받아들이고 즐길 수 있었다. 이제야 알겠는가?

가면 증후군이 누구에게나 영향을 미친다는 것에 대한 증명은 이미 이야기했듯이, 〈왕좌의 게임〉의 배우인 존 브래들리가 블랭크 팟캐스트에 합류했을 때 이뤄진 것이다. 그는 사람들이 자신의 실수를 알아채는 것에 대해 정말로 걱정했다. 하지만 수지 덴트는 의심할 여지 없이 사람들은 그것에 대해 생각조차 하지 않을 것이고, 그들은 자신들의 문제를 걱정하는 데 여념이 없을 것이라고 했다.

여기서 존의 말이 내 심금을 울렸다는 건 인정한다. 특히 매번 최고가 되려고 노력하는 것에 대해서는 더 그렇다. 나에게 그것은 확실히 가면 증후군, 즉 가짜 경찰이 당장이라도 들이닥쳐 내 집 문을 두드리고 나를 거리로 끌고 나가리라는 것. 그러곤 내 모든 친구와 이웃들이 지켜보는 앞에서 나를 완전히 형편없다고 비난할 것 같은 느낌과 관련이 있다. 하지만 무슨 일을 하든 매번 절대적으로 최고가 되려고 노력하는 것은 피곤한 일이다. 너무너무 피곤한 일일뿐더러 그것은 정말이지 가능하지도 않다. 누구든 항상 최고의 역량과 재능으로 연기할 수 있을까? 당연히 아니다! 그러나 어떤 이유에서인지, 우리 중 많은 사람, 특히 창작 산업에 종사하는 사람들은 매번 잘해야 한다고 느낀다.

진실은 그렇지 않다. 실제로 약간 말을 더듬을 정도로 존이 겪은 정신적, 육체적 고통 이야기를 들으면서 나는 어떤 직업도 자신의 인생을 망칠 가치가 없다는 것을 깨달았다. 존은 계속해서 팟캐스트에서 정확히 그렇게 말했고, 자기 자신뿐만 아니라 자신의 연기와 화해했다고 말했다. 그의 말을 듣고 나는 나의 창작 활동을 더 친절하게 바라보게 되었다.

언제나 내 창작 활동이 찬란할까? 빌어먹을, 아니다! 하지만 그런 찬란한 날들이 돌아올 때면, 나는 그날들을 받아들이고, 어쩌면 조금이나마 즐길 수 있지 않을까? 어쨌거나, 난 확실히 그럴려고 하고 있다.

알리 디아의 희대의 사건

비록 알리 디아의 프로 경력은 고작 58분에 불과하지만, 어떤 영국 축구 팬과 이야기해도 그들은 알리 디아가 누구인지 정확하게 말해줄 수 있을 것이다.

디아는 31세의 평범한 준프로Semi-professional(다른 직업과 스포츠를 겸업하거나 실업팀에 소속된 선수-옮긴이) 축구선수였다. 솔직히 축구를 그렇게 잘하지는 못해서 전력이 그다지 화려하지는 않았다. 그러나 그는 어떻게든 화려한 경력을 자랑하는 선수 출신의 프리미어리그 팀 사우스햄튼의 감독 그레이엄 수네스를 설득했다. 그러곤 말 그대로 잉글랜드에서 가장 오래된 프로 클럽 중 하나인 세인츠Saints(사우스햄튼 FC의 애칭-옮긴이)에서 뛸 수 있었다. 그냥 친선 경기나 자선 경기가 아니라 실제 프리미어리그 경기에서 말이다. 그건 마치 자일스나 내가 사우스햄튼에서 뛰는 것과 같았다. 정말이지, 그는 굉장히 끔찍한 활약상을 보여주었다. 마치 프리미어리그 선수가 아니라 우리 중 아무나가 그곳에서 뛰는 것과 같았다. 수네스는 자신이 사기당했다는 것을 깨닫는 데 한 시간도 채 걸리지 않았고, 디아를 다른 선수와 교체시켰다.

하지만 한 시간은 너무 긴 시간이었고, 관련한 말들이 폭발적으로 터져 나왔다. 사우스햄튼의 스타 매슈 르 티시에는 이후 디아를 '얼음 위의 밤비'라고 묘사했다. 평론가, 팬, 해설가, 전직 축구선수들 모두 이 사기꾼에게 사기당했다며 그를 경기에 투입한 세인츠를 맹비난했다. 24년이 지난 지금도 이 이야기는 영국 축구사상 가장 말도 안 되는 사건 중 하나로 입에 오르내리고 있다.

디아가 프리미어리그 경기에서 뛸 기회를 잡은 방법이 어쩌면 더 기이했다. 그는 친구에게 아프리카의 가장 유명한 선수인 조지 웨아인 척하고 수네스에게 전화를 걸어 디아의 사촌이라고 말한 후 자신을 세인츠에 추천해달라고 부탁했다. 당시 웨아는 이탈리아의 거함 AC 밀란에서 뛰는 세계 최고의 선수로 등극한 참이었다. 그 사건은 디아의 대담한 행동이었을 뿐 사실무근이었다.

지금처럼 빠르고 철저하게 사실 확인을 할 수 있는 능력도 인터넷도 없었기 때문에 수네스와 사우스햄튼은 디아를 하루만 훈련시킨 후에 경기에 내보냈다. 어쩌면 그 훈련에서 그가 그렇게 형편없어 보이지 않았을 수도 있다. 그게 아니라면 수네스와 그의 스태프가 주의를 기울이지 않았거나.

수년 후에, 믿기지 않을 정도로 평범한 실력의 축구선수였음에도 디아는 웨아를 사칭했던 일로 인해 스칸디나비아, 독일, 그리고 영국

하부 리그의 많은 준프로 및 그다지 대단하지 않은 고만고만한 프로 클럽에 들어갔던 것으로 밝혀졌다. 그는 등장할 때마다, 아주 형편없는 경기를 하고 몇 경기 후에 떠났지만, 그 조지 웨아 사기극 덕분에 여기저기 다른 리그로 옮겨다닐 수 있었다. 사우스햄튼은 디아가 사기를 친 가장 큰 클럽이었고, 디아의 사기극은 영원히 전설로서 회자될 것이다. 비록 어리석은 행동을 참지 못하고 거친 성격으로 유명한 수네스였지만 그 일에 대해서는 공개적으로 거의 말하지 않았다. 그에게 물어볼 만큼 용기 있는 사람도 거의 없었다.

그러나 이 이야기가 가면 증후군과 관련이 있는 부분은, 그 이후로 몇 번 기자들의 추적을 받은 디아가 후회하는 모습을 전혀 보이지 않았다는 것이다. 그런 데다 가면 증후군에 대한 감각도 없어 보인다는 것이었다. 그는 사우스햄튼보다 하위 리그인 영국 6부 리그 팀 게이츠헤드 FC에 나타나 게이츠헤드 포스트와 인터뷰하며 이렇게 말했다.

"나는 사기꾼이자 형편없는 선수로 묘사되고 있다. 하지만 나는 그렇지 않을뿐더러 사람들이 틀렸다는 것을 증명할 생각도 없다. 분명 프리미어 리그에 진출하지 못한 것에 실망했지만, 나는 내 능력에 대한 믿음이 있고, 현재 나의 유일한 관심사는 게이츠헤드다. 내 계약은 시즌이 끝날 때까지지만, 일이 잘 풀린다면, 더 오래 머물 수 있을지 누가 알겠나."

일이 잘 풀리면? 디아, 당신은 국가적 차원의 완전 사기꾼이자 협잡꾼에, 축구도 잘하지 못하는 축구선수로 밝혀졌다고! 하지만 분명히 디아는 그것을 신경 쓰지 않았다. 심지어 그는 경기에서 퇴장당할 때도 미소를 지었다.

게이츠헤드의 짐 플랫Jim Platt 감독은 한 스포츠 매체에 이렇게 말했다.

"그는 나쁘지 않은 친구였다. 그는 꽤 매너가 좋았다. 심지어 내가 그를 뺐을 때도 그저 웃기만 했다…. 다른 선수들 같았으면 내게 꺼져버리라고 말했을 것이다."

그는 비록 100% 진짜 사기꾼이었음에도 '가면 증후군'이라는 문구가 명확히 새겨지지 않은 사람이었다. 그는 많은 신문 매체에서 말 그대로 사기꾼으로 묘사되었지만, 그의 자신감에는 그 사실이 거의 또는 전혀 영향을 미치지 않는 것 같았다. 오히려 그의 자신감을 개선해줬다는 영향이 있었을 뿐이다! 그는 완전히 행방을 감추기 전까지 실제로 게이츠헤드 소속으로 8경기를 뛰며 2골을 기록했다.

이 이야기는 정말 우스꽝스럽지만, 시사점이 있다고 생각한다. 모르는 게 약이란 것이다. 우리는 자기 자신과 주변의 모든 사람을 지나치게 생각하고 분석하기 때문에 가면 증후군을 겪는다. 하지만 알리 디아는 그렇지 않았다. 비록 그는 잘못된 일을 하고 있었지만, 그저 계속 그 일을 해나갔을 뿐이다.

알리 디아가 축구를 하는 것보다 당신이 하려고 하는 일을 더 잘할 가능성이 매우 크다. 그러니 당신은 그보다 훨씬 더 당신의 가면 증후군을 무시할 자격이 있다. 자신의 한계를 몰랐기 때문에 디아는 프리미어리그로 갈 수 있었던 것이다. 자신의 가면 증후군을 무시하면 훨씬 더 자신을 발전시킬 수 있다. 그는 자신이 한 일을 사기나 부정행위로 보지 않았고, 그저 정상에 오르기 위해 할 수 있는 일을 했을 뿐이었다. 정상에 있었던 순간은 고작 58분이었지만, 그럼에도 불구하고 그는 해낸 것이었다. 나는 사실 우리가 모두 우리의 삶과 경력에 있어서 어느 정도 알리 디아처럼 될 수 있고, 그 결과는 눈부실 수 있다고 생각한다!

우리는 종종 우리가 받을 자격이 있는 기회를 스스로 가장 먼저 거부한다. 아마도 우리가 그 기회를 받을 자격이 없다고 생각하거나 바로 눈앞에서 일어나고 있는 그 기회들을 알아챌 수 없기 때문일 것이다. 하지만 우리가 그 기회들을 받을 자격이 없다고 누가 말할 수 있겠는가? 사람들은 대부분 아마 그게 우리 자신이라고 생각할 것이다. 충분히 많은 사람이 디아가 계속 영입 제안을 받았으니 그는 분명 기회를 누릴 자격이 있다고 생각했다.

디아는 기술이 없었을지는 모르지만, 어떤 이유에선지 자신감은 있었다. 자, 그 자신감을 실제로 상당히 일을 잘하는 누군가, 예를 들어 당신과 섞는다고 상상해보라. 그리고 그것이 얼마나 큰 차이를 만들 수 있는지 생각해보라. 지금부터 우리 모두 조금 더 알리 디아로 지내보자.

어느 면으로든 실제로 디아와 전혀 비교할 수 없는… 다른 축구선수

의 이야기가 있다.

개리 리네커가 은퇴한 지도 거의 30년이 지났다. 그럼에도 불구하고 그는 역대 잉글랜드 축구 득점왕 3위이자 세계에서 가장 상징적인 축구선수 중 한 명이다. 또한, 그는 BBC의 대표 종합 축구프로그램인 〈매치 오브 더 데이Match of the Day〉를 진행하고 있다. 그는 직업윤리관, 성공, 그리고 그라운드 위의 신사라는 이미지로 인해 많은 젊은 선수들의 롤 모델로 여겨진다. 예를 들어, 16년 선수 생활 동안, 그는 단 한 번도 경고나 퇴장을 받은 적이 없었다! 하지만 많은 사람이 잉글랜드 최고의 스트라이커로 여기는 것치고는 이상하게도 개리는 자신이 스물여섯 살이 될 때까지 골을 잘 넣는다고 느끼지 못했다고 말했다.

레스터 시티에서 프로로 데뷔한 지 거의 10년 후인 1980년대 중반에, 그는 잉글랜드 국가대표팀 경기에서 활약하며 많은 골을 넣었다. 이후 FC 바르셀로나로 이적한 리네커는 스페인의 엘 클라시코El Clásico(세계가 둘로 나뉘는 90분으로 레알 마드리드 CF 대 FC 바르셀로나 경기를 말함. 전 세계적으로 가장 유명한 더비 매치-옮긴이)로 알려진 경기에서 최대 라이벌인 레알 마드리드를 상대로 해트트릭(한 명의 선수가 한 경기에서 3득점 이상을 하는 것-옮긴이)을 기록했다. 그리고 몇 주 후에는 한술 더 떠 한 친선 경기에서 삼사자 군단The Three Lions(잉글랜드 국가대표팀 애칭-옮긴이)으로 출전해 친정 스페인을 상대로 4골을 기록했다. 네 번째 골을 넣은 후 하프라인으로 급히 되돌아가며, 굉장히 놀란 그는 동료 브라이언 롭슨에게 이렇게 말했다. "어떻게 이런 일이 있지. 내가 정말 운이 좋네"라고. 그 말에 잉글랜드 주장이었던 롭슨은 약간 더 거친 언어로 화답했다.

"야, 닥치고 꺼져 너." 바로 그 순간 리네커는 생각했다. '아, 나는 실제로 축구를 잘하는구나. 골을 잘 넣어.'

그 경기 전까지는 그는 항상 어떻게든 들통이 날 거라는 두려움, 축구 경기가 그의 발목을 잡을 거라는 두려움을 가지고 있었지만, 결코 그런 일은 없었다. 축구장에서 살아남으려면 자신감이 필요하다. 그 때문에 그는 자신감을 가졌던 것이지만, 분명히 그것은 약간 날조된 것이었다. 하지만 롭슨의 말이 그를 정신 차리게 했다.

하지만 그 두려움이 자신의 중심을 잡아 주었다고 개리는 고백했다. 그리고 그가 실제로 프로 경력을 쌓기 시작했을 때는 그렇게 어리지도 않았다는 사실도. 그가 1부와 2부 리그 사이에서 승격과 강등을 반복하던 레스터 시티에서 정규 축구를 시작했을 때의 나이는 스물한 살이었다. 리버풀에서 각광받았을 때의 나이가 열일곱 살이었던 마이클 오웬Michael Owen 같은 선수들이나 시작할 때는 불꽃처럼 타오르지만 이내 번아웃burn out 되어버리는 수많은 십 대 스타들과 비교했을 때, 리네커의 경력은 점진적인 과정을 거쳤다. 그는 그것이 그의 경력을 오래 지탱해줬다고 생각한다. 그는 자라면서 축구선수가 되는 법을 배울 수 있었다. 그래서 그는 요즘 많은 젊은 축구선수들의 문제들, 예를 들어 아주 어린 나이에 인생의 큰 결정을 내려야 하는 문제들 혹은 주위에 잘못된 결정을 내리는 사람들을 두는 것을 피할 수 있었다.

개리가 스물여섯 살이 될 때까지 자신은 골을 잘 넣지 못하는 것으로 여겼다고 우리에게 말했을 때, 솔직히 나는 너무 깜짝 놀랐다. 1987년 1월, 그 클라시코 때까지, 그는 클럽과 국가대표팀에서 309경기에 출전해 171골을 득점했다.[1)]

나는 스물여섯 살이 되어도 여전히 자신이 가장 좋아하거나 잘하는 것이 무엇인지 알지 못한다는 걸 완전히 이해한다. 나도 분명히 그렇게 느꼈고 많은 사람, 확실히 창조적 산업 분야의 사람들이 똑같이 그렇게 느낀다고 생각한다. 그리고 특정한 고급 스포츠계나 팬들은 아주 어린 사람들에게 많은 것을 기대한다. 그리고 그것이 내가 결코 이해치 못할 무엇이라는 개리의 말은 전적으로 옳다. 창조적인 세계의 팬들은 당신이 자신만의 속도로 발전하도록 내버려두는 것처럼 보인다. 하지만 스포츠에서는, 성공에 대한 요구가 강렬하고 즉각적이다. 이는 운동선수에게 엄청난 심적 부담이 될 수 있다. 그래서 슬프게도 어린 축구선수들이 자신과 다른 사람들이 바라는 방식대로 경력이 잘 풀리지 않을 때 우울증과 다른 문제들을 겪는다는 이야기를 수도 없이 듣게 된다.

그런 만큼 당시 자신의 일에서 세계 최고였음에도, 가면 증후군과 싸웠다는 개리의 솔직한 말을 듣는 것은 신선했다. 하지만 그가 자신의 위대함을 받아들일 필요가 있었다는 것도 사실이었다. 우리 모

1) https://www.transfermarkt.co.uk/gary-lineker/leistungsdatendetails/spieler/22256/plus/0/saison/1986/wettbewerb/ES1/verein/131/https://www.englandstats.com/matches.php?mid= 622) (2월 스페인 친선 경기까지 그의 기록은 316 경기 175골이었다.)

두 그렇다. 그러니 닥치고 네 위대함을 받아들이라고 말해줄 수 있는 당신만의 브라이언 롭슨을 찾아라. 그러면 당신이 승승장구하게 도와줄 수도 있을 것이다.

내가 완전히 사기꾼이라고 느껴질 때, 내가 중심을 잡고 합리적인 현실감을 갖는 데 도움이 된 것은 다른 사람들이 나를 어떻게 묘사하는지 알아채려고 기울인 노력이었다. 나는 그들에게 나를 어떻게 묘사해야 하는지 알려주지 않을 것이기 때문에, 그들이 내가 어떻다고 말한다면 나는 틀림없이 그런 사람일 것이다. 누군가가 나를 친절하다고 말한다면, 그건 나에 대한 그들의 경험이다. 그 때문에, 나는 나 자신이 그럴 거라고 생각한다. 누군가 내가 창의적이라고 말한다면, 그들은 내가 창의적인 일을 하는 것을 보았음에 틀림없다. 그래서 나는 아마도 창의적일 것이다. 누군가가 내가 잘생겼다고 말한다면, 나는 그들이 거짓말하고 있다는 것을 안다.

어렸을 때 사람들이 나보러 '최소 183cm'이라고 말했다. 왠지 모르게 나는 키가 크다는 게 싫었다. 나는 "말도 안 돼. 난 기껏해야 178cm야"라고 말하곤 했다. 다시 말하지만, 나는 왜 그렇게 단호하게 내가 크지 않다고 했는지 모르겠다. 내가 좀 이상한 아이였던 것 같다. 하지만 매번 키를 잴 때마다, 벽에는 선명하게 표시되었다. 183cm로!

오랫동안 사람들이 나를 코미디언으로 부를 때마다 움찔했다. 마치 그들이 분명 이렇게 생각하고 있을 거라 생각했다. '맙소사, 저 사람은 자신이 코미디언이라고 생각하나 봐? 완전 사기꾼이네!'

'난 코미디언이라고 할 수 없어.' 내가 속으로 곱씹은 말이다. '에이전트도 없고, 사실 공연도 그렇게 많이 안 하고, 심지어 정말 재미있지도 않잖아.' 하지만 보아하니 사람들은 진지하게 나를 코미디언이라고 부르는 것 같은데. 그럴 때면 나는 '그들은 나를 몰라' 그렇게 속으로 말하곤 했다. '그들은 코미디언이 얼마나 힘든 건지 모르거니와, 나는 아직 이렇다 할 명성도 얻지 못했으니, 그들이 그렇게 생각하게 내버려는 두겠지만, 사실 나는 내가 코미디언이 아니라는 것을 알고 있어.' 비록 내가 인생에서 그 무엇보다 원했던 것이 코미디언이 되는 것이었지만.

나는 가면 증후군을 통해 자기 태만을 저지르고 있었다. 더군다나 나에게는 에이전트가 생겼다. 실제 코미디 에이전트 말이다. 그때도 나는 '그들은 지금 실수한 거야. 그들은 나를 다른 사람으로 생각한 듯해'라고 중얼거렸다. 하지만 계약은 성사되었다. 계약서에는 내 이름이 적혀 있었고, 내가 서명한 후 그들의 웹사이트에 올라갔다. 그때도 나는 '결국, 그들은 알게 되겠지'라고 생각했다.

그 후 코미디계의 전설 데이비드 배디얼이 블랭크 팟캐스트에 출연해 그가 코미디언에 대해 이야기하던 도중, 나를 쳐다보며 이렇게 말했다.

"짐, 당신 코미디언이죠?"

나는 생각했다. '이런, 젠장. 데이비드 배디얼이 날 코미디언으로 생각한다면, 나는 코미디언일 거야! 내가 뭐라고 데이비드 배디얼의 말에 토를 달겠어?' 그런데 문제는, 나 자신을 코미디언이라 부르는 것, 혹은 코미디언으로 불리는 것이 결국은 내가 성공했다는 것을 의미하지는 않는다는 것이다. 당연히 난 성공하지 않았다. 아무도 나에 대해 들어본 적이 없으니!

그러나 그것은 가면 증후군이 틀렸다는 것을 의미했다. 나는 코미디언이다. 나는 성공한 코미디언이 아닐 수도 있고 바쁜 코미디언이 아닐 수도 있다. 젠장, 특별히 뛰어난 코미디언이 아닐 수도 있다. 하지만 누가 뭐라 하든 (가짜가 아닌) 나는 코미디언이다. 동의하지 않는다면, 데이비드 배디얼에게 가서 따져라.

3장

슬픔

좋은 만트라가 있다. '유일한 길은 정면 돌파뿐이다'. 그런데 이 말은 지극히 사실이다. 만약 당신이 일을 회피하려고 하면 일은 점점 더 커질 뿐이다. 나는 머릿속이 하얘질 때마다, 그냥 이렇게 생각한다. 골치 아픈 상황이라도 곧장 나아가자. 물론 정말이지, 그건 끔찍한 일이다. 하지만 내게는 그냥 '곧장 가자'라고 하는 그런 면이 있다. 당신이 곧장 간다면, 그 후의 다른 모든 것은 정말 안도가 될 것이다.

_ **던 프렌치** Dawn French

자일스

우리 중 많은 사람이 평생 슬픔이란 마음의 상태를 겪는다. 우리는 모두 독특한 방식으로 슬픔을 경험하며 그것을 다루는 보편적인 방법이란 없다.

이 글을 쓰기 위해 이 자리에 앉은 건 개인적으로 나에게 매우 의미가 있다. 나의 어머니 브렌다가 백혈병으로 돌아가신 지 36년이 되었기 때문이다. 큰 슬픔은 정의하기가 매우 어렵지만, 나에게 그것은 강렬하고 그리운 느낌이다. 더는 그곳에 없는 사람, 그리고 그 사람과 공유했어야 했는데 하지 못한 상실의 순간. 이를테면 결혼식 날, 아이의 탄생, 크리스마스, 그리고 우리의 일이 잘 풀리지 않을 때. 바로 이 책이 말하는 공백의 순간에 대한 그리움 말이다. 그 사람은 그러한 순간에 기대어 울 수 있는 어깨나 기댈 사람이 되었을 것이다. 그 순간들이 내가 종종 그리워하는 순간이다. 그리고 누구보다 나를 가장 잘 아는 그 사람에게 이야기할 수 있는 순간이기도 하다.

슬픔은, 무엇보다도, 우리의 일상에 천둥이 내려치는 혼돈처럼 엄청나게 불가항력적이다. 그 결과로 남는 것은 변화, 거대하고 이해할 수 없는 변화다. 그 상황 주변에 있는 많은 사람은 슬픔의 시간이 한정되어 있다고 인식한다. 마치 일상으로 돌아가는 데 필요한 유효 기한이 있고 그 후에 완전히 회복될 것처럼 말이다. 그러나 우리 중 많은 사람에게 큰 슬픔은 평생 계속해서 우리를 괴롭히는 유령과 같다.

내 경험상, 상실은 내가 누구인지 알려주고, 내가 하는 일의 큰 부분이 되었다. 이는 내가 광범위하게 쓰고 이야기해온 것이다. 켈리 홈즈 여사가 팟캐스트에 출연했을 때, 우리는 그녀의 어머니의 죽음이 그녀의 삶에 미친 영향과 지속되고 있는 영향에 대해 길게 이야기했다.

그녀는 우리에게 어머니가 묻힐 때까지 3주 동안 매일 어떻게 울었고, 집을 나서서 다른 사람들과 함께 있는 것조차 얼마나 힘들었는지, 그렇게 엉망이었던 상황에서 자신이 느낀 심경을 이야기해주었다. 누군가 그녀가 어머니를 이제 막 여의었다는 것을 몰랐다면, 그들은 사인을 요청했을 수도 있을 것이다. 반면 그녀에게 만약 무슨 일이 일어났는지 알았다면, 그들은 그녀가 어떤지 묻거나, 어머니를 잃은 것에 대해 조의를 표하는 말을 했을 것이다. 하지만 켈리에겐 그런 말을 듣는 것이 너무 고통스러울 뿐이었다. 그래서 몇 주 동안 그녀는 집에 틀어박혀서 친한 친구와 가족만 보았고, 때때로 그것이 큰 위안이 되었다. 다른 사람들에게 마음을 열고 이야기할 수 있었던 것이 그녀가 그 시기에 대처하는 데 도움이 되었다. 그 때문에 그녀는 그 순간이 매우 특별하다고 말했다.

슬픔으로 인해 고통받는 사람들은 사랑하는 사람과 그 사람의 사랑 그리고 애정을 상실하는 것이기 때문에 종종 공허하고 무의미하단 감정을 느낄 수 있다. 이러한 감정은 외로움, 마음의 고통, 때로는 절망의 순간으로 이어질 수 있다. 왜냐하면, 당신의 일부가 없어졌기 때문이다. 외로움은 때때로 육체적으로 혼자 있는 것과 동일시되지만, 내가 가장 외롭게 느꼈던 순간 중 일부는 다른 사람들과 함께 있을 때였다. 특히 내가 나의 슬픔을 이야기해야 하는 상황에서 그들이 그 주제를 어려워한다는 걸 알게 될 때는 특히 그렇다.

슬픔과 같은 주제를 이야기하고 감정을 공유할 수 있다는 것은 너무나 큰 힘이 된다. 팟캐스트는 다른 사람들의 경험을 듣고 다른 사람들의 이야기로 연결될 수 있게 해준다. 나는 팟캐스트에서 대화를 나누는 동안 슬픔이란 주제가 나올 때, 가장 좋은 반응은 공감이라는 것을 몇 번이고 깨달았다. 공통의 경험, 심지어 공유된 외로움마저도 다른 누군가가 들어와 서로를 응원하고, 슬픔이 그들에게 어떤 의미인지 듣고 배울 수 있는 화합의 순간이 된다.

우리가 스테펀 망간과 이야기를 나누고 있을 때, 그는 어머니의 죽음에 대해 말해주었다. 또한, 그것이 그가 인생에서 하고 싶은 것들을 확인하고 추구하도록 얼마나 동기부여 해주었는지 말해주었다. 그는 대학을 졸업할 때까지도 자신이 무엇을 해야 할지 몰랐다고 한다. 그리고 그 후 그의 이머니가 암에 걸려 집에서 1년 동안 그녀를 돌보기로 했다고 말했다. 스테펀은 그의 어머니가 겨우 45세의 나이로 세상을 떠났는데 그의 외할머니도 비슷한 나이에 암으로 돌아가셨다는 사실을 알게 되었다. 그래서 자신이 앞으로 20년밖에 더 살지 못할 수도 있는데, 배우가 되려는 시도를 못 해볼 게 뭐가 있나 하는 생각이 머릿속에 자리 잡았다.

스테펀은 어머니의 병이 여러 면에서 자신의 삶을 변화시켰다고 설명했다. 물론 슬픔도 있었지만, 그로 인해 '내가 한번 해볼게'라고 생각하게 되었다. 상실감은 내면의 초시계를 작동시켰고, 시간은 소중한 것이 되었다. 그는 자신의 상황을 최대한 활용하려고 했다. 그것은 그가 원하는 직업을 찾고 추구해 나아가게 했다. 사실 그때가 아마도 그가 배우가 되는 데 있어서 결정적인 순간이었을 것이다. 또한, 그가 어디에서 왔고 여전히 어디로 가고 싶은지 상기시켜주기도 했다.

'인생은 짧다'라는 말은 진부하다. 하지만 사실이기도 하고, 내게 잃어버린 사람들을 떠올리게 만든다. 내 창작 생활에서, 나는 항상 내가 가진 시간을 최대한 활용해야 한다고 믿어왔다. 비록 내가 영원히 살지는 못하겠지만, 예술가들이 수백 년 동안 해왔던 것처럼, 영원히 살 수 있고, 나 자신의 상실 경험을 전달할 기회를 내게 줄 작품을 만들고 싶다.

슬픔의 예술

화가 한스 멤링Hans Memling의 15세기 작품 〈지상의 허영과 신성한 구원의 삼부작Triptych of Earthly Vanity and Divine Salvation〉은 죽음에 대한 예술가의 감정을 본능적으로 묘사한 대표적인 예다. 나무 패널에 6점의 유화로 구성된 전면은 벌거벗은 여인과 함께 양옆에 죽음과 불길에 둘러싸인 악마가 그려져 있다. 소름 끼치고, 연상적이며, 당시로서는 유별나게 에로틱했던 이 작품은 삶의 세속적 죄와 죽음의 공허한 고통을 나란히 놓고 있다.

예술은 그림, 글쓰기, 영화 제작, 음악 등 다양한 형태로 창작자와 소비자 모두가 종종 금기시되는 주제를 다룰 수 있도록 허용한다. 예술을 통해 우리는 사물을 다르게 볼 수 있고 때로는 보편적으로 볼 수 있다.

2011년, 대만계 미국인 예술가 캔디 창Candy Chang은 뉴올리언스에 있는 한 건물의 벽에 칠판 페인트를 칠했고, '죽기 전에, 나는 ___를 해보고 싶다'라는 짧은 메시지를 계속해서 썼다. 지나가는 사람들이 이 문장의 빈칸을 채울 거라는 생각에서였다. 그녀의 생각대로 하루 사이에 정말 놀라운 일이 일어났다. 벽은 사람들의 개인적인 메시지, 희망, 꿈 등 엄청나게 다채로운 내용으로 가득 채워졌다.

이 작품은 어머니가 돌아가신 후 창 자신이 겪은 상실감에서 영감을 얻은 것이었다. 이는 그녀에게 자신이 느꼈던 고통을 성찰하고 다른 사람들과의 연대감을 찾는 기회가 되었다. 소셜 미디어를 통해 그 이야기는 들불처럼 퍼져 나갔고, 모방 작품들이 전 세계에서 나

창조할 때 우리는 슬픔에 빠진 우리 몸 안에서 무슨 일이 일어나는지 모두 자세히 살필 수 있도록 우리 자신에게 허락한다.

더글러스 미첼, 치료사/치료 전문가

타나기 시작했다. 실제로, 그 수요가 너무 많아 그녀는 사람들이 그들만의 벽을 만들 수 있도록 스텐실을 포함해 다운로드받을 수 있는, 도구세트를 만들었다.

한 인터뷰에서, 창은 이 프로젝트에 대해 이렇게 말했다.

"공적인 공간은 우리의 공유 공간으로, 최대한 우리가 주변 사람들과 함께 삶의 아름다움과 비극을 이해하는 데 도움을 줄 수 있다." 그 첫 벽 프로젝트 이후, 예술이 우리 중 많은 사람에게 말을 건넨다는 것을 증명하며, 175개 이상의 국가에서 5천 개 이상의 '나는 죽기 전에…' 벽들이 만들어졌다.

슬픔은 종종 우리에게 우리의 삶을 알게 해주는 방법을 가지고 있다. 또한, 빠져나갈 길이 없어 보이는 상황에 대해 우리에게 심사숙고할 기회를 준다. 스포츠 진행자 제이크 험프리는 우리에게 스스로 목숨을 끊었던 그의 할머니와 그의 어두웠던 삶의 시기에 그가 할머니의 죽음을 어떻게 생각하고 또 그것이 어떻게 그에게 자살과 묘한 관계를 만들어주었는지 말해주었다. 그것은 할머니가 돌아가셨을 때 그가 가족과 그 죽음에 대해 이야기를 나눔으로써 이루어졌다. 그 대화를 통해서 그가 얻은 메시지는 가족들이 스스로 목숨을 끊는다는 것은 실제로는 살아갈 수 있을 만큼 충분히 강하다는 것을 보여주는 것이라고 느꼈다는 것이었다. 제이크가 20대에 매우 힘든 시

기를 겪었을 때, 자살은 선택사항이 아니었다. 만약 누군가가 그렇게 할 수 있다면, 그들은 살 수 있을 만큼 충분히 강하다는 그 메시지 때문이었다. 할머니가 돌아가신 지 10년이 지난 후, 제이크가 우리에게 이야기했을 때, 그는 그 생각이 아마도 자신의 생명을 구했을 거라고 밝혔다.

슬픔이 선생님이란 것은 내가 최근에 생각하게 된 것이다. 그 가르침은 엄청나게 고통스럽고 지식의 부담은 오래 지속된다. 하지만 상당히 의미 있는 것이다. 상실은 내 성격에 큰 영향을 미쳤다. 나는 거의 당연하게 여기는 법이 없고, 항상 모든 게 순식간에 변할 수 있다는 것을 알며, 현재에 머물고 그 순간에 감사하며, 너무 멀리 내다보는 일은 거의 없다. 슬픔이 나를 지금의 나로 만들었다. 즉흥적이고 창의적이며 동정심 많고 편집증적이며 불안하게 만들었다. 나는 상실의 경험들을 통해 나의 많은 부분을 알게 되었다.

슬픔에 대해 쓰는 것은 내게 너무 힘든 일이었다. 슬픔은 나와 너무, 어쩌면 지나치게 가까이 있는 주제이고, 내가 쓴 노래 가사부터 소설, 잡지 기사에 이르기까지 내 창작 생활에 끊임없이 존재해왔다. 내가 슬픔에 집중해야 할 때 나만의 공백의 순간이 종종 찾아왔다. 예를 들자면, 나의 어머니를 잃은 경험에 초점을 맞춘 책《152일 One Hundred and Fifty-Two Days》을 쓰는 일은 종종 나를 공허하고 멍하게 만들었다. 그러나 매주 짐과 내가 종종 '치료 시간'이라고 부르는 우리의 팟캐스트 녹음은 이러한 감정을 줄여주었다. 그래서 오늘 이 글을 쓰며 나는 내가 도약할 때마다, 착지가 훨씬 더 부드러워지고 있다는 생각에 위안을 느끼고 있다.

짐

우리는 모두 슬픔을 다른 방식으로 다루고, 서로 다른 것들에 대해 슬퍼한다. 나도 다른 사람들처럼 잃어버린 조부모님과 친구들을 위해 슬퍼했다. 그럴 때마다 나는 다른 사람들과는 달랐다. 왜냐하면, 각각의 사람마다 나에게 다른 의미가 있기 때문이다.

하지만 우리는 사람들을 위해서만 슬퍼하지 않는다. 자신에게 의미가 있는 소유물을 잃는 것, 사랑하는 일을 잃는 것, 정말 원하는 기회를 잃는 것, 이 모든 것들은 사랑하는 사람을 잃는 것만큼 깊은 영향을 미치는 비통한 과정을 유발할 수 있다.

〈왕좌의 게임〉의 스타인 존 브래들리는 HBO 시리즈에서 샘웰 탈리 역으로 8년간의 활동을 마친 후에 일을 잃은 슬픔에 빠졌었다고 팟캐스트에서 이야기했다. 마치 친구를 잃은 것 같았고, 자신의 일부도 잃은 것 같았다고 했다. 그는 자신이 그 캐릭터를 버리고 버스에서 일찍 내리는 것처럼 느껴져 다음에 샘에게 무슨 일이 일어날지 보고 싶어 했다. 샘을 연기하는 것은 종종 힘든 과정이었고 그 역할은 배우로서 그를 고통스러운 곳까지 데리고 갔다. 그럼에도 불구하고 존은 지금도 그를 그리워한다. 샘이 더 행복한 곳(스포일러 없음!)에서 〈왕좌의 게임〉 이야기를 끝냈다는 사실은 존이 감사하는 부분이다. 그는 분명히 자신의 캐릭터와 긴밀한 관계를 구축했다. 그래서 그 캐릭터를 끝내는 것이 그에겐 힘든 일이었다.

직업은 매우 이상하다. 왜냐하면, 당신이 원하지 않거나, 깨닫지 못하더라도 온통 마음을 다 빼앗기고 당신에게 큰 의미가 될 수 있기 때문이다. 버스에서 일찍 내린다는 존의 비유는 너무 고통스럽지만 딱 들어맞는 표현이었다. 그래서 그 당시 내 경력 중 가장 큰일이었던 일을 끝내고 내가 느꼈던 커다란 상실감과 그 일을 상실한 후에 겪었던 비통한 과정을 떠올리게 했다. 몇 년이 지나서야 비로소 나는 그것이 큰 슬픔이라는 것을 이해했지만, 그것은 내가 미처 깨닫지 못한 방식으로 나에게 영향을 미쳤다. 어떤 면에서는 지금까지도 여전히 영향을 미치고 있다.

그 일은 앞서 언급한 JOE.co.uk 방송 진행이었다. 그때의 5개월 동안 나는 배움의 소용돌이 속에 있으면서 창조적인 성공과 실패를 겪느라 롤러코스터 같은 정신건강 상태였다. 많은 면에서 그 하나의 일이 우리가 이 책에서 다루는 몇 가지 문제를 가지고 있다. 나는 우리가 녹음하는 팟캐스트의 거의 모든 방송이 어떤 식으로든 그 일과 관련이 있다고 생각한다. 나는 그 일에 대해 공개적으로 말한 적이 없다. 왜냐하면, 창조적 산업에서는 항상 엉뚱한 사람을 헐뜯어 돌이킬 수 없게 만들거나, 일반적으로 은혜도 모르는 바보처럼 보일 수도 있다는 걱정이 있기 때문이다. 그래서 나는 여기에서 그 누구의 이름도 언급하지 않을 것이다. 하지만 이 장과 관련된 구체적인 일화가 있는데, 내가 털어놓고 마음의 짐을 덜어야 할 부분이다(이는 또한 상담에서도 여러 번 수행했다).

먼저, 약간의 뒷이야기를 하자면, 내가 그 일을 얻었을 때 나는 준프로 스탠드업 코미디언이자 경험이 없는 진행자였다. 지금 생각해보면, 면접 중에 강력히 어필했던 것으로 기억하는 유튜브에서의 몇 가지를 제외하면 내가 어떤 진행이란 걸 했었는지조차 확실하지 않다. 사실, 나는 입사지원서와 면접에 알리 디아식으로 접근했는데, 실제로 '나를 채용하면 전설을 채용하는 것이다'라는 문구로 자기소개서를 마무리했다. 나는 전에는 어떤 일도 그런 식으로 해본 적이 없었으며, 그 이후로도 하지 않았다. 하지만 나는 (그때 가면 증후군이 작동하기 시작하면서) 그 일을 얻지 못할 거라고 너무 확신했기 때문에, 아무 일도 일어나지 않을 것으로 생각하고 그냥 무턱대고 밀어붙였다. 나는 또 그 당시 입사지원서를 검토하던 JOE.co.uk의 상무이사도 알고 있었는데, 그는 그 문구가 농담이란 것을 알 수 있을 정도로 나에 대해 충분히 알고 있었다. 그럼에도 불구하고 그것은 꽤 당찬 말이기는 했다.

놀랍게도 나는 면접을 봤고, 심지어 취직도 했다. 그들이 내게서 뭔가를 본 건지, 아니면 단지 힘 있는 위치에서 나를 칭찬하는 내 친구 때문이었는지, 나는 결코 알 수 없다. 이 산업에서 그런 자리에 있는 사람들을 아는 것은 확실히 큰 도움이 된다. 그래서 나는 적어도 공중파 일자리의 절반이 캐스팅하는 사람들의 친구들에게 돌아간다고 생각한다. 아마 더 많을 것이다.

하지만 나는 상관하지 않았다. 그것은 내게 중대한 일자리였고, 정규직으로서 가장 많은 돈도 벌 수 있었다. 그리고 창의적으로도 큰 기회였다. 그들은 특히 나의 창의력을 활용하기 위해 나를 합류시켰다. 그들은 내가 'BT 스포츠'에서 데려온 프로듀서와 함께 주간 축구 프로그램을 진행하고 제작하기를 원했다. 내가 코미디 촌극을 쓰고 연기하기를 원했다. 그리고 또 내가 다른 작가들과 함께 페이스북에서 진행할, 장난스러운 바이럴 생방송 비디오를 만들고 거기에 출연하기를 원했다. 취직은 엄청나게 나의 자신감을 고취시켰고, 일을 시작하는 것은 믿을 수 없을 정도로 신이 났다. JOE.co.uk는 거대한 플랫폼을 가지고 있었고, 제대로 된 제작 회사에서 다른 사람들과 함께 일하고 내 아이디어가 실현되는 기회를 얻는 것은 매우 흥분되는 일이었다. 마치 나는 윌리 웡카의 황금 티켓Willy Wonka's Golden Ticket(〈찰리와 초콜릿 공장〉에 나오는 초콜릿 제작자 윌리 웡카가 초콜릿에 숨겨놓은 5개의 황금 티켓-옮긴이)을 찾은 것 같았다. 그리고 당시엔 왠지 기존에 있는 사람들의 지원으로 내가 하고 싶은 건 뭐든 할 거란 꿈을 꾸며 살았다.

긴 이야기를 요약하자면, 내가 꽤 빨리 알게 된 사실은, 편집팀과 창작팀 어느 누구의 잘못도 아니지만, 그들에게 기대되는 바나 무엇을 해야 할지에 대한 아이디어를 많이 가지고 있는 사람이 아무도 없었다는 것이었다. 사무실 회의와 이후의 지시들은 믿을 수 없을 정도로 금세 복잡하고 혼란스러워졌다. 그리고 그 결과 커피머신 주변에는 신음이 가득했다. 아이디어에 대해서 높은 자리에 있는 분들의 피드백은 전혀 없었다. 이로 인해 모든 것이 필요 이상으로 훨씬 더 엉망이 되어 전반적으로 방향성을 잃게 되었다. 나는 나 자신과 내 일에 대해 끔찍한 기분을 느끼며 집으로 돌아오는 일이 잦았다. 나는 그들이 원하는 것을 하지 못했고, 이 놀라운 기회가 주어진 후에 크게 실패하고 있다는 생각이 들었다. 비록 내가 어떻게 혹은 왜 실패했는지는 어느 누구도 내게 말해주지 않았지만. 그 때문에 확실히 잘 모르겠지만, 나는 그냥 그렇다고 생각했다.

어떤 아이디어는 통했고 또 어떤 아이디어는 통하지 않았다. 물론 이는 온라인 콘텐츠의 특성이다. 일이 잘되면, 그곳의 분위기는 페이스북에서 100만 뷰를 달성한 것이 아니라 달에 로켓을 착륙시킨 것 같았다. 일이 실패했을 때는, 사무실이 컵 축구 결승전 패배 후의 선수 탈의실처럼 느껴졌다. 우리가 하고 있던 일은 모든 것을 의미하는 동시에 아무것도 의미하지 않았다.

두 달 정도가 지났을 무렵, 나는 그곳을 그만두고 싶었다. 나는 집에 와서 아내에게 이 모든 것에 대해 투덜거렸고, 그만두고 내 일을 하겠다고 맹세했다. 비록 온라인에서 그렇게 할 수 있는 곳이 없고, 우리에게는 돈이 필요하다는 것을 알면서도 말이다. 가장 답답했던 점은 항상 피드백을 요청했지만 한 번도 받지 못했다는 것이다. 무의미하고 진부한 의견과 모호한 진술만 있을 뿐이었다. 절대 칭찬하지도 말고, 건설적인 비판도 하지 마라. 이는 내가 스스로를 증명하고 싶어서 굉장히 갈망했던 것이었다. 하지만 나는 좀비가 된 기분이었다. 마치 그들은 어차피 내가 곧 나갈 사람이니 나에게는 어떤 피드백도 주기를 원하지 않는 것 같았다. 그리고 그 후에 그건 사실로 밝혀졌다.

심지어 나를 내보내는 방식조차 미흡했다. 12월 초 나는 후원사 확보에 실패해 축구프로그램이 휴식기를 갖는다는 소식을 들었다. JOE.co.uk는 이 일은 내 출연 성과와는 무관하며, 새해에는 후원사가 들어와 나와 프로듀서가 같은 자리로 다시 돌아오길 바란다는 점을 강조했다. 하지만 나는 그것이 거짓말이라는 걸 알았다. 그러면서 그들은 다른 직원들이 본사가 있는 아일랜드의 크리스마스 파티에 참석하는 동안에 우리가 여전히 소수의 당직 직원들과 함께 크리스마스 방송을 제작하기를 원했다. 우리는 직업의식 때문에 그렇게 했다.

물론, 그 이후로 다시는 회사 사람들로부터 연락을 받지 못했다. 그들이 내게 연락했던 적은 내게 나의 P45를 이메일로 보냈을 때뿐이었다. 그 프로그램은 몇 달 후 새로운 진행자와 프로듀서와 함께 돌아왔다. 그게 끝이었다. 작별 인사도, 그 프로그램을 론칭한 것에 대한 감사 인사도 없었다. 그야말로 어떤 피드백도 없었다.

그 당시 나는 그저 내 삶을 이어가려고 노력했다. 특히 아내와 내가 첫 아파트를 사려던 시점에 직장에서 쫓겨났기 때문에 다시 프리랜서로 돌아와 일해야 했다. 1년 정도 후, 나는 우울해서 상담사를 만나기 시작했다. 그때 이 일이 상담 시간 중에 다시 떠올랐다. 나는 이 전체 사건이 나에게 얼마나 많은 영향을 미쳤는지 여러 요인을 고려해 결론을 도출하기 시작했다.

나는 그 사건 직후에 내 감정을 억눌렀었다. 아마도 그 감정들이 너무 원초적이어서 이해하려는 노력조차 하지 않았기 때문이었을 것이다. 내가 그 감정들을 스스로 느끼도록 허용했었다면, 내가 방출

될 만큼 형편없었다는 죄책감, 내가 받은 대우에 대한 분노, 그리고 내 경력 중 최고의 일자리였던 그 멋진 기회를 잃었다는 실망감이 어지럽게 뒤섞여 있었을 것이다.

감사하게도, 몇 년 후, 나는 내가 필요로 하는 모든 것을 훌륭하게 해내는, JOE.co.uk에서는 얻지 못했던 사람들과 비슷한 일을 하는 훨씬 더 좋은 일자리를 얻었다. 그들은 나를 지지해주었고, 많은 피드백을 주었다. 곁에 있는 것만으로도 그냥 좋은 사람들이었다.

그러나 JOE.co.uk의 해고는 오랫동안 나를 괴롭혔다. 그리고 여러 면에서, 여전히 그렇다. 그런 지속적이고 복합적인 감정들은 일종의 큰 슬픔이다. 내 일자리를 보존하기 위해 내가 더 많은 일을 할 수도 있었을까? 난 절대 알지 못할 것이다. 애초에 거기 있었던 것조차 너무 죄책감이 들었다. 나는 분명히 기회를 받을 자격이 없었고, 그것을 입증하는 5개월간의 성적표도 있었다. 설사 그 방송에서 내가 정말 잘했다고 생각하는 것들이 많았다고 할지라도 나는 그 당시 모든 것을 의심하고 있었다. 진행자로서 나는 최대한 많은 책임과 도전을 하려고 노력했다. 내가 할 수 있는 부분을 개선하려고 노력했고, 그렇게 했다고 생각했다. 하지만 회사에서의 모든 성공은 경영진이나 상사들의 도움으로 이루어졌던 게 아니라, 그들이 걸림돌이었음에도 이루어졌던 것이다.

나는 축구 팟캐스트를 녹음하는 동안 약간 정신적으로 무너졌을 때 그것을 온전히 처리하지 못했다는 것을 깨달았다. 축구 팟캐스트는 내가 10년 동안 매주 하던 일이었고 지금도 여전히 변함없이 하고 있다. 내 멘탈의 붕괴는 그 팟캐스트와 아무 관련이 없었지만, 도화선이 되었다. 그래서 그 후에 사람들에게 이메일을 보내서 내가 전체적으로 JOE.co.uk 문제 때문에 좋은 상황이 아니었다고 설명해야 했다. 그들은 즉시 JOE.co.uk에 있던 그 누구보다도 내게 더 많은 지원을 해주었다.

이 일이 일어난 지 고작 4년밖에 안 되었고 아직도 그 일로부터 무엇을 배웠는지 잘 모르겠다. 솔직히 말하면 아직도 슬퍼하고 있는 것 같다. 그때 이후로 좋은 일도 있었고 나쁜 일도 있었다. 지금도 여기서 내 일을 하는 걸 보면, 그 일이 나를 더 강하게 만들었을 것이다. 하지만 나는 모든 소셜 미디어 플랫폼에서 JOE.co.uk를 차단해야 했다. 내가 거기에 뜨는 뭔가를 볼 때마다, 해고당한 기억이 떠오르고, 죄책감과 후회가 다시 밀려오기 시작하기 때문이다. 나는 아직도 슬퍼하고 있고, 어쩌면 앞으로도 그럴 것이다.

하지만 그건 내가 얼마나 멀리 왔는지 상기시켜주기 때문에 어쩌면 좋은 일인지도 모르겠다. 나는 여전히 여기 있고, 여전히 그 일을 하고 있으며, 틀림없이 그 어느 때보다 잘하고 있다. 이 일화가 나를 멈춰 세우거나 그 일을 그만두고 싶게 만들지는 않았다. 갈비뼈를 찔린 것처럼 아프지만, 무너졌던 정신 상태에서 일어나 여전히 싸우고 있다.

나는 잃어버린 사람이나 소유물 또는 관계에 대해 슬퍼할 때, 그 시간의 대부분은 할 수 있는 것이 없다고 생각한다. 아마 그 경우도 그랬을 거라고 생각한다. 하지만 그렇다고 덜 아픈 건 아니다. 인생은 고통에서 탄생한 교훈으로 가득 차 있으며, 큰 슬픔은 그런 교훈으로부터 배우고 성장하는 과정이다.

나는 우리가 만들었던 그 프로그램을 자랑스럽게 생각한다. 그 때문에 여전히 내 이력서에 그 경력을 언급한다. 지금은 매우 다른 방식으로 제작되고 있지만, JOE.co.uk는 정말 훌륭한 축구 콘텐츠를 만들기 위해서 움직이고 있다. 그 과정을 시작한 팀의 일원이었다는 사실에 자부심을 느낀다. 그냥 다르게 끝났더라면 얼마나 좋았을까 하고 생각해볼 뿐이다.

만약 직장이 사라진다면, 애통해할지도 모를 그 직장 자체뿐만 아니라, 직장 관계와 개인적인 관계도 마찬가지로 사라질 수 있다. 코로나19 봉쇄 기간 중 〈디 어니언The Onion〉 매체에 실린 아주 재미있는 기사가 하나 있었다. 두 직장 동료에 대한 이야기였는데, 그들이 일단 재택근무를 하게 되면, 회사에서 그들을 친구로 유지시켜주었던 건 주고받은 정감 어린 농담뿐이었다는 걸 깨닫게 된다는 것이다. 회사 밖에서 그들은 공통점이 없다. 설사 직장 밖에서는 정말로 관계가 없더라도, 특히 그것이 하루를 버티게 하는 주된 요소가 될 때, 직장 동료와의 그런 관계를 그리워하는 일은 매우 흔하다. 항상 우리의 관계가 평생 끈끈해야 하는 건 아니다. 그저 단순히 당신이 9시부터 6시까지 일을 끝낼 수 있게 해주는 것이어도 된다.

배우 데이비드 모리시는 연기 활동을 마치고 출연진 및 제작진과 맺은 관계를 뒤로한 슬픔의 과정을 이야기했다. 최대한 신뢰할 수 있는 연기를 펼치기 위해서는 강력한 유대감이 필요한데, 그의 경우

특히 작품 활동 과정에서 동료들과 믿기 힘들 정도로 강한 유대감을 형성한다고 한다. 그 때문에 일이 끝나면 마치 그 사람들을 잃는 것 같은 느낌이라고 말했다.

데이비드는 배역을 맡는 걸 좋아한다. 일을 시작할 때마다 직계 가족을 얻는 기분이라고 한다. 배우들은 한 프로젝트에서 너무나 개인적이고 생소한 일을 겪기 때문에 서로에게 일종의 강한 연대감을 느끼지 않을 수 없다. 그러나 각 작품이 끝나면 대부분의 출연진이 다음 작품으로 빠르게 이동하게 된다. 그러면서 계속 연락하며 지내자고 한 약속이 지켜지지 못하는 경우가 많다고 덧붙였다. 매일 서로 아침, 점심, 저녁 식사를 함께하다가 연락이 없기까지. 매번 그런 과정을 겪는 것은 상실감처럼 느껴질 수 있다.

하지만 적어도 전 작품 동료들과 계속 연락하기로 약속하고 못 지키는 사람이 나뿐만은 아니다. 나는 많은 직업을 가졌고, 많은 직장 친구들을 사귀고 잃었다. 그 〈디 어니언〉의 기사처럼, 그들 중 일부는 그저 직장 친구일 뿐이었다. 그럼에도 불구하고 당신은 그런 사람들과 직장에 시간과 노력을 투자했다. 그러니까 어쩌면 그 모든 것이 헛수고였을지도 모른다고 느낄 때는 힘들 것이다. 하지만 데이비드 모리시나 존 브래들리 같은 사람들이 다음 일로 훌륭하게 넘어갈 수 있는 것처럼, 아마 나도 그럴 수 있을 것이다. 아마 각각의 직업과 직장에서의 우정을 내 여정의 일부로 볼 수 있을 것이다. 또한, 어쩌면 앞으로 예전 직장 동료들에게 문자를 좀 더 자주 보낼 수 있을지도 모르겠다.

또한, 연인 관계든 일적인 관계든 관계를 잃으면 슬픔을 느낀다. 엔터테인먼트 산업에서는 많은 작가가 다른 사람들과 협업해 유명해진다. 데이비드 배디얼은 처음에는 롭 뉴먼, 나중에는 프랭크 스키너와 함께하며 그랬다. 그러나 그는 우리 팟캐스트에서 협업이 어떻게 두 사람과의 우정을 파탄에 이르게 했는지 말했다. 배디얼과 뉴먼은 상당히 큰 불화를 겪었고, 사실 꽤 최근까지 오랫동안 서로 말을 하지 않았다. 데이비드는 그런 공동 작업에 감사하지만, 이제는 공동 집필 말고 자신만의 작품을 작업하는 것을 선호한다고 말했다. 그는 코미디 대본을 쓰는 부담감이라든지 건설적인 비판에 항상 열려 있지 않은 협업 파트너는 업무 관계에 긴장을 일으킬 수 있음을 인정했다. 또한, 이것이 우정에 영향을 미치게 되어 실망할 수 있음을 인정했다. 많은 사람이 프로젝트 일을 하다가 사이가 틀어져 좋은 친구들을 잃곤 한다.

데이비드 같은 사람이 그런 업무 관계에 대해 솔직하게 말하는 걸 듣는 것은 솔직히 신선했다. 그는 대부분 자신이 합리적인 사람이라고 느낌에도 그런 관계가 어렵다는 것을 알았다고 말했다. 우정이 업무 협력이나 창작 파트너로 엮일 때, 경계가 모호해지고 코미디 집필을 하든 다른 어떤 작업을 하든 그 일의 기본 사항들을 훨씬 더 어렵게 만들 수 있다. 나는 데이비드가 팟캐스트에 출연하기 전부터 그를 코미디언으로서 굉장히 존경하고 있었다. 그런데 그가 이러한 관계에 가해지는 중압감에 대해 그렇게 공개적으로 말한 후에는 더 존경하게 되었다. 그를 통해 나는 다른 사람들 앞에서 약한 모습을 보이는 것이 강력할 뿐 아니라, 우정과 업무 관계의 상실에 대해 말하는 것이 특히 남성들 사이에서는 드문 일이라는 것을 깨달았다. 그리고 그런 일이 정상적으로 되기 위해서는 훨씬 더 흔해져야 한다는 것도 깨달았다.

데이비드는 자신이 무대에 서려는 생각만 한다고 말하면서 우리와의 대화를 마쳤다. 때로는 지칠 때도 있었지만, 그가 그렇게 할 수 있었던 것은 지난 8년 정도를 솔로 프로그램을 한 후에나 가능했다. 그리고 어떤 면에서는, 과거의 일적 관계들을 놓아버림으로써 그렇게 할 수 있었다. 뉴먼이나 스키너 같은 사람들과의 협업으로 큰 성공을 거둔 경우에는 특히 어려울 수 있지만, 때로는 직장생활에서 진정한 행복과 만족을 얻기 위해선 일적 관계를 놓아버려야 한다.

4장

소셜 미디어

모든 사람이 당신을 좋아하지 않더라도 그건 괜찮다. 하지만 세상엔 당신이 모든 걸 좋아할 수 없다는 것을 이해하지 못하는 사람들이 너무 많은 것 같다. 그렇다 해도 그것도 괜찮다. 당신이 그런 사람이 마음에 안 든다고 그들을 무너뜨리려고 해서는 안 된다.

_ **캐리 호프 플레처**Carrie Hope Fletcher

자일스

2009년 페이스북의 한 친구가 새로 발견한 소셜 미디어 플랫폼에 대해 말했다. 그 플랫폼은 사용자가 140자만 작성할 수 있도록 허용하기 때문에 우리에게 익숙한 페이스북 방식과 매우 달랐다. 하지만 내 친구에 따르면 그 새로운 플랫폼은 활기차고 긍정적이며 뉘앙스, 즉 미묘한 차이가 있고, 흥미로운 대화와 상호작용이 가득한 곳이라고 했다. 재미있는 활동에 대해 이야기하고 실제 유명인들과 상호작용할 수 있는 완벽한 공간이었다. 그래서 나는 내 프로필을 만들고 첫 번째 게시물을 작성하기 시작했다.

'트위터'는 그 단어만으로도 많은 사람의 등골을 오싹하게 한다. 비사용자에게는 모든 사람이 서로에게 못되게 구는 곳이고, 사용자에게는… 음 그러니까, 모두가 서로에게 못되게 구는 곳이다!

나는 그 플랫폼에서 항상 긍정적인 시간을 보냈기 때문에 사뭇 다른 경험을 했던 것 같다. 본래 내성적인 내게 소셜 미디어는 각계각층의 사람들과 연결하고 교류하고, 배움을 얻는 기회였다. 또한, 수줍게 웅크려 있던 현실 세상에서 기어 나오는 힘을 주었다.

내향적인 사람들에 대해 오해하는 한 가지가 우리가 친구를 즐기지 않는다는 것이다. 사실 우리 중 많은 이들이 친구를 사랑한다. 그러면서도 어쩔 수 없이 참여하게 되는 상황은 때때로 극심한 불안의 순간으로 이어질 수 있다. 소셜 미디어는 그런 우리에게 다시 힘을 준다. 우리는 자신의 속도와 (어느 정도) 자신의 조건에 따라 사회적 상호작용을 할 수 있다. 나는 심지어 실생활에서의 상호작용에서도 더 편안하게 느낄 수 있게 되었다.

지난 10년 동안 소셜 미디어를 둘러싼 낙관주의가 현저히 줄어들었다. 그 때문에 소셜 미디어상의 긍정적인 경험에서는 내가 소수자일 수 있다는 것을 충분히 알고 있다.

우리가 했던 거의 모든 팟캐스트 방송은 어느 순간부터 소셜 미디어의 파괴적이고 무익한 특성에 대해 이야기하는 방향으로 흘러갔다. 그리고 규칙적으로 우리가 거기서 본, 뉘앙스의 부족을 토론한다. 특히 트위터는 언제나 가장 분열을 초래하는 플랫폼으로 보인다.

우리가 초대 손님으로 아만다 애빙턴을 초대했을 때, 그녀는 자신의 트위터 경험에 대해 말했다. 아만다는 항상 대화의 여러 측면을 보고 싶어서 다양한 사람들을 팔로우하는 것을 좋아한다고 말한다. 그녀는 그중 일부는 자신이 좋아하지 않거나 동조하지 않는 사람들이지만, 가끔은 동조하지 않는 사람들이 어떤 말을 하고 있는지 아는 것이 좋다고 생각한다. 이로 인해 사람들은 아만다에 대해 추측하고, 그녀의 정치적 견해나 지지하는 바에 대해 전혀 알지 못할 때조차도 어떤 상황이나 문제에 대해 극도로 격렬하게 반응할 수도 있다. 하지만 그녀의 말대로, 트위터상에서 싸우는 건 무의미할 때가 잦다.

아만다가 시사한 트위터상의 상호작용의 흑백적 성격은 축구 팬들을 대할 때 가장 두드러진다. 트위터는 모든 경기의 모든 측면에 대해 분통을 터뜨리고 싶어 하는 성난 지지자들의 행선지가 되었다. 그 때문에 마치 관람석에 앉아 경기를 보는 것 같다.

개리 리네커도 트위터 트롤링을 당하는 입장에 대해 확실히 잘 알고 있다. 그는 처음 트위터에 가입했을 때, 자신의 정치적 견해를 거기에 일일이 다 알릴 수는 없었지만, 참여한 적은 몇 번 있다고 했다. 첫 번째는 축구계와 FIFA 사이의 관련 내용이었다. 개리는 당시 불거진 부패 비리 의혹에 대해 FIFA 회장이었던 조제프 블라터를 강도 높게 비난했다. 그리고 결국 그가 옳았다는 것이 증명되었다. 두 번째는 전쟁으로 피폐해진 나라에서 도망쳐온 가족들에게 왜 동정심을 느끼지 않는지 헤아리기가 어려웠던 그는 난민에 대해 연민을 표현했다. 그로 인해 그는 공격을 당했고 심지어 특정 신문의 1면 뉴스가 되기도 했다, 그것은 정말 개리를 곤혹스럽게 했다. 그리고 세 번째 사안은 브렉시트Brexit였다. 개리는 선거에서 자신이 지지하는 정당을 말한 적이 결코 없었다. 또한, 상당 부분 정치에 관심이 없기도 했다. 다만 중요하다고 생각하는 특정 부분이 있어 자신의 견해를 밝혔다. 그는 도대체 브렉시트를 어떻게 처리하고 있는 건지 정말로 궁금했다. 개리는 많은 사람이 그의 입장에 동의하지 않는다는 것을 안다. 그는 논쟁을 꺼리지는 않는 편이라 그 점을 인식하고 또 괜찮지만, 대화가 너무 자주 욕설로 뒤덮이곤 한다. 보통 소수의 사람이 문제를 일으키지만, 그들이 가장 크게 소리를 질러대기 때문에 우리 눈에 더 잘 띈다.

나는 팟캐스트에서나 친구와 가족과의 대화에서 이런 말을 너무 자주 듣는다. 한 사회로서 우리는 뉘앙스의 개념을 잃었다. 축구에 비유하자면, 우리는 상대편을 향해 폭력이라도 휘두르는 듯 으르렁거리는 두 팀의 지지자들 같다. 우리는 라이벌이 되어야 하고, 우리 자신의 의견이 절대적이라고 느낀다. 하지만 우리가 논의하는 많은 것들은 이분법으로 접근해야 하는 게 아니다. 삶은 흑백이 아니다. 내 경우에는 트위터와 같은 플랫폼에서 두 배로 더 개방적이고 긍정적이 된다. 그 때문에 소셜 미디어에서 조금 더 친절하게 행동하는 것이 나에게는 돌봄의 의무처럼 느껴진다. 나는 소셜 미디어를 통해 멋진 사람들을 만났고 진정한 우정을 찾았다. 이렇게 소셜 미디어는 나에게 많은 것을 주었다. 그 때문에 조금이나마 소셜 미디어에 돌려주고 싶다. 소셜 미디어는 기회다. 우리가 지금 가지고 있는 것에 너무 익숙해져 종종 당연하게 여기는 기회. 또한, 소셜 미디어는 확실히 내가 인간으로서 성장할 수 있도록 해주었다. 그래서 나는 다른 사람들도 따라 성장하기 시작하고 조금 더 많은 사랑을 전파하기를 바란다. 그들의 상호작용에 더 많은 뉘앙스를 허용하기를 바란다.

우리가 많이 듣는 소셜 미디어의 또 다른 측면은 인정에 대한 우리의 선천적인 욕구다. 거기에 우리가 올린 게시물이 어떻게 이런 욕구를 부추기는가 하는 것이다. 목적성 정보를 내보내는 것이든, 재미있는 말을 하는 것이든, 친절한 것이든, 논점을 주장하는 것이든, 누군가를 불러내는 것이거나 아니면 그냥 명백한 욕설이든지 간에, 이것들은 모두 상호작용이나 반응에 의존한다. 어떤 식으로든 우리를 자극한다.

나는 소음에서 벗어나기 위해, 혹은 무시당하는 기분이 들어 소셜 미디어를 잠시 쉰 적이 많았지만, 보통 하루 이틀 정도 후에 되돌아갔다. 이런 소셜 미디어 플랫폼을 분별 있게 사용하려고 부단히도 균형 잡기를 하고 있다. 하지만 때때로 24시간 7일 동안 그 플랫폼들을 이용하지 않기란 힘든 투쟁이다.

코미디언이자 〈핍쇼Peep Show〉의 스타인 이지 서티는 왜 우리가 우리 자신에게 이러는지 자신만의 해석을 내놓았다. 그녀에 의하면, 소셜 미디어와 인터넷은 우리의 정신건강에 중요한 역할을 한다. 우리는 종종 아무 생각 없이 휴대전화를 집어 드는데, 이는 우리의 뇌가 트위터나 페이스북이 휴식 시간이라고 생각하도록 우리를 속이는 것이다. 우리 뇌의 보상 체계 부분은 우리의 게시물을 좋아하거나 긍정적인 방식으로 우리와 상호작용하는 사람들에 의해 자극을 받는다. 그렇다면 반대로 온라인상에 있을 때 화가 날 수도 있다. 왜냐하면 꼭 사람들이 우리에게 직접적으로 뭐라 말해서가 아니라, 단지 우리가 읽고 동의하지 않는 것이 거기에 있기 때문이다. 그래서 사실 트위터에 접속하거나 페이스북이나 인스타그램의 피드를 확인하는 것은 정말이지 전혀 쉬는 시간이 아니다. 그것은 우리가 좋아하는 TV 프로그램을 틀거나 뜨개질, 그림 그리기, 요리하기와 같은 창의적인 일을 하는 것과는 다르다. 이지는 그녀의 삶에서 소셜 미디어를 줄이려는 노력을 계속 열심히 하고 있다고 말한다.

그리고 우리가 소셜 미디어에 쓰는 에너지가 감당할 수 없을 정도로 많아지고 부정적인 영향을 실제로 느끼기 시작할 때 아마도 가끔은 약간의 엄한 태도를 취하는 것이 필요할 수도 있다. 한 팟캐스트 초대 손님은 우리가 결정한 소셜 미디어의 사용량을 우리가 모두 통제하고 있다고 주장했고, 만약 그것이 너무 많아진다면, 해결할 필요가 있다고 말했다. 이 손님은 종종 온라인 활동이 자신의 일에서 너무 큰 부분을 차지하기 때문에 약간 갇힌 듯한 느낌을 받곤 한다고 한다. 그리고 그로 인해 정말 의기소침해질 때면 온라인 활동이 본업이 아닌 다른 사람들이 고심하고 있는 것을 듣는다. 그러면 그 초대 손님은 이렇게 생각할 수밖에 없다고 말했다. '그게 널 신경 쓰이게 하니? 전원을 꺼버려. 휴대전화에서도 지우고, 그만해! 정말 거기서 놓치고 있는 게 뭐가 있기나 한 거야? 그냥 꺼버려!' 그 초대 손님의 관점에서 말하자면, 만약 어떤 사람이 로그아웃할 기회와 자유를 가지고 있다면, 그것을 이용해야 한다는 것이다.

짐

소셜 미디어의 발명과 함께, 우리는 인류에게 최고의 것과 최악의 것 모두를 창조해내고 있다. 그것은 우리를 동등하게 통합시키는 동시에 분열시키는 것이다.

그것은 달랐어야 했는데 그렇지 못했다. 이 놀랍고 미래적인 도구는 우리가 세계 어디에서나, 언제든지, 누구와도 소통할 수 있게 해준다. 또한, 개인으로서, 공동체로서, 그리고 인류로서 연결하고, 배우고, 성장하고, 그리고 개선할 수 있도록 놀라운 기회를 열어준다. 하지만 10년이 지난 후, 그것은 아마도 인류 파멸의 단 하나의 원인이 될 것이다.

이 놀라운 도구를 가져다가 완전히 망가뜨리다니, 정말 인간다운 일이다. 우리에게는 세상에서 가장 좋은 것을 잔해로 만드는 묘한 능력이 있다. 자주 말 그대로. 문제는, 핵심적으로 우리가 질투하는 이기적인 존재들이기 때문에 다른 사람들의 성공에 집착하는 거대한 녹색 눈의 괴물이 되는 것을 막기 위해서는 각고의 노력이 필요하다는 것이다. 나는 2009년 처음 트위터에 가입했던 것으로 기억하는데, 대부분 스티븐 프라이가 우스꽝스러운 생각을 트윗하면 사람들이 거기에 답글을 다는 식이었다. 기본적으로 그게 다였다. 그리고 그것은 멋졌다. 나에게는 잉글랜드 대표팀에 소집되는 노리치 시티의 공격수 그랜트 홀트에 대한 개그 송이 있었다. 그것이 2012년에 프라이에 의해 리트윗되었다. 그것이 내게는 그해의 하이라이트였다. (안타깝게도 홀트는 발탁되지 못했고, 얼마 지나지 않아 노리치를 떠났으며 그 이후로 거의 모습을 볼 수 없었다.)

그러나 트위터가 성장하면서, 매년 더 많은 사람이 가입했다. 그와 함께 그 소란함도 커지면서 주목받게 되었다. 그로 인해 사람들은 더 큰 소리로 점점 더 많은 우스꽝스러운 말들을 하게 되었다. 그래서 자일스처럼 긍정성이 물씬 풍기는 트위터 계정을 가진 사람들이 중요한 이유다. 안타깝게도, 그처럼 접근하는 방식이 요즘 매우 드문 것 같다.

자기 자신을 긍정적이고 다정한 사람이라고 생각하더라도, 온라인 논쟁에 휘말려 어리석은 말을 하기 십상이다. 그런 어떤 일을 실제로 피하는 유일한 방법은 소셜 미디어 플랫폼을 삭제하는 것이다. 코미디언 벤 베일리 스미스Ben Bailey Smith(일명 닥 브라운Doc Brown)는 몇 년 전에 실제로 그렇게 했고, 우리와 대화할 때 자신의 결정에 대해 매우 설득력 있는 주장을 폈다.

그는 소셜 미디어를 확인하는 것이 마약과 같아진다고 말했다. 낯선 사람들의 인정에서 도파민을 얻는다는 것이다. 그는 비현실적인 쇼 비즈니스 세계에서 일한다는 것은 단지 자신의 삶의 한 영역이 현실이기를 원한다는 것을 의미한다고 했다. 그리고 그것은 온라인에 접속하지 않는 것을 뜻한다는 것을 깨달았다고 했다. 그는 현재의 삶은 환상과도 같다고 말했다. 사람들은 아바타고, 대체 현실에서 살아가는 1980년대의 공상과학 영화 같다는 것이다. 벤이 소셜 미디어를 떠난 것은 거부는 아니었다. 여전히 소셜 미디어의 이점도 볼 수 있었다. 하지만 그는 어떤 사람들에게는 소셜 미디어 '페르소나'가 그들의 실생활에 스며들고, 특히 자기 인식이 부족한 경우에는 위험해질 수 있다는 데 유념했다. 그는 소셜 미디어를 떠나면서 일 측면에서 대가를 치렀다. 대규모의 팔로우가 없어지면서 일자리를 놓쳤다고 고백했다. 그럼에도 불구하고 그는 어깨가 가벼워진 느낌이었다. 그는 이전 같았으면 완벽한 사진을 찍고 온라인에서 자신의 삶을 큐레이팅하느라 애쓰며 보냈었을지도 모를 많은 시간을 창조적인 작업에 할애했다. 그의 창작들, 책, 음악과 코미디, 그리고 연기 작품은 그가 떠난 후에도 오랫동안 온라인에 있겠지만, 어쨌든 그 시점에서는 아무도 그의 소셜 미디어에 관심 있어 하지 않을 것이라고 그는 덧붙였다. 그는 소셜 미디어로 돌아왔지만, 과거에 온라인을 사용하던 모습과는 전혀 다르다.

팟캐스트에서 벤이 이 얘기를 하는 동안 나는 뒤에서 '소셜 미디어를 떠나야겠어'라고 혼잣말했다. 그가 한 말의 상당 부분이 너무나 사실적으로 들렸다. 소셜 미디어는 중독 성향이 있는 일부 사람들에게 정말로 마약이 되었다. 나는 매일 스크롤하고 제대로 활동조차 하지 않으면서 몇 시간씩 허비하고 있는 자신을 발견한다. 나는 그저 스크롤하고, 다른 사람의 트윗에 짜증을 내고, 답장도 안 하고 스크롤을 할 뿐이다. 시간을 매우 생산적으로 사용하지 못하고 있다.

애초에 나는 누가 나에 대해 무슨 말을 했는지, 응답할 일이 있는지, 그리고 내가 공적인 페르소나를 유지하고 있는지 확인하기 위해 주로 접속하는 것 같다. 그런데 솔직히 까놓고 말해서 그것은 완전히 시간 낭비다.

수지 덴트도 다른 사람들의 의견을 흡수하기를 원한다. 그런데 자신이나 별다른 이유가 있어서 그런 건 아니다. 그녀는 우리에게 자신이 매우 안절부절못하는 사람이고 많은 시간을 자기 생각에 빠져 산다는 것을 인정했다. 그녀는 몇 시간이고 앉아 있는 것을 특히 잘 못하고, 돌아다니고, 걷고, 주의가 산만해지는 것이 훨씬 더 행복한 사람이다. 수지는 대학에서 어학을 공부할 때, 오랫동안 자신의 의견을 표명하는 것이 정말 두려워 자신을 신뢰하는 대신 비평가들에게 의존했다고 말했다. 그녀는 도서관에 가서 책을 꺼내 다른 사람들의 의견을 읽은 다음, 어떻게 해서든 그녀의 생각을 그들의 조합된 의견과 맞추려고 노력했다. 아직도 그녀에게는 자신의 의견에 대한 신뢰 부족과 자기 확신 부족이 남아 있다.

그리고 나도 같은 고통을 겪고 있다고 생각한다. 나는 엉뚱한 말을 해서 사람들을 화나게 하거나 이상한 의견 때문에 따돌림을 당할까 봐 자주 걱정한다(대부분 내 의견이 특별히 이상한 것은 아니지만, 바보 같은 말을 할까 봐 늘 걱정한다). 수지 같은 사람이 여전히 자신의 생각과 신념을 신뢰하기 위해 고군분투한다는 얘기를 들으니 특히 흥미로웠다. 그녀는 내가 확실히 사실을 알고 그것을 기반으로 일하는 전문가라고 생각하는 사람이다. 그녀처럼 훌륭한 사람이 자신을 믿을 수 없다면 나머지 우리에게는 무슨 희망이 있을까?

다른 사람들이 어떻게 생각하는지 신경 쓰는 것은 많은 사람이 다루어야 하는 매우 흔한 특성이다. 우리는 초특급 인스타그램 인플루언서들로부터 항상 다른 사람들과 비교하거나 다른 사람들이 우리를 어떻게 생각하는지 걱정하지 말고 최고의 삶을 살라는 말을 듣는다. 다른 사람들이 우리를 어떤 식으로 보는지 의식하지 않거나 무시하는 것은 어느 정도 자유로워지는 것이다. 내가 이에 동의하는지는 잘 모르겠다.

사실 이것은 연민에 뿌리를 둔 문제라고 생각한다. 우리가 팟캐스트를 녹화하기 위해 수지의 집으로 걸어 들어간 순간, 나는 그녀가 연민과 친절함으로 가득 찬 사람이라 생각했다. 그리고 그녀와 2시간을 함께하면서 우리는 그녀가 그런 사람이라는 것을 확실히 알 수 있었다. 우리가 그렇게 확신할 수 있었던 이유는, 비록 그녀가 원치 않더라도, 연민이 그녀의 모든 생각을 지배하고 있기 때문이었다. 그녀는 비슷한 견해를 가지고 있지 않은 사람들에게 연민을 보이는 것을 너무 걱정하면서도 그런 사람들을 수용하기 위해 자신의 사고 과정을 수정하는 것이 행복한 것처럼 보였다. 내가 봐도 그건 정말, 정말 좋은 일일 수 있다. 오늘날 우리는 TV와 소셜 미디어에서 사람들이 단호하게 자신들의 지독한 의견들을 고수하는 것을 자주 본다.

때로는 매우 모욕적이고 불쾌한 의견들도 마찬가지다. 나는 그들 중 절반이 정말로 자신들이 하는 말을 믿는지는 잘 모르겠다. 하지만 자신의 생각을 되짚어보는 일이 어쩌다가 나약함의 징표가 되어버렸다. 수지는 그렇지 않다는 걸 보여주고 있다. 그것은 사실 좀 더 둥글고, 세상 경험이 풍부한 노련한 관점을 가지기 위해 믿지 않거나 심지어 좋아하지 않는 사람들의 의견에 귀 기울이고 배려하는 힘을 보여주는 징표다.

논쟁의 모든 측면에서, 모든 사람이 다른 의견을 가진 사람들을 수용하고 자신의 생각을 되짚어보려는 노력을 조금 더 자주 한다면, 나는 우리 사회가 훨씬 더 친절하고 아마도 더 잘 기능하는 사회가 될 거라고 생각한다.

5장

수면

잠잘 때, 당신의 뇌는 많은 독소를 정화한다. 그러므로 만약 잠을 놓치고 있다면, 당신은 말 그대로 뇌를 중독시키는 것이다.

_ **피오나 머든**Fiona Murden

자일스

록밴드로 성공하기 위해 노력했던 20대 시절, 나는 잠을 방해 요소처럼 생각했다. 잠은 나의 우선순위 목록 저 아래에 있었다. 그렇다고 해서 내 건강이나 행복에 두드러지게 해롭지도 않았다. 나는 워런 제본의 말처럼 사는 것 같았다.

'잠은 죽어서나.'

내가 맨 처음 수면 부족을 겪을 뻔했던 사례는 2000년 6월 23일 금요일 오전 7시에 시작되었다. 그때 나는 글래스턴베리 페스티벌의 뉴 밴드 텐트 인근 야영장에 급히 2인용 텐트를 치고 있었다. 그 당시 내가 소속되어 있던 밴드 리틀 10Little 10은 다음 날 아침 그곳에서 연주하기로 되어 있었다. 우리는 가능한 한 가까운 곳에 캠프를 차리고 싶었다. VIP 구역은 포기하고 일반 고객들 사이에 있으면서 우리는 사실 우리가 실제로 공연할 것이라고는 생각도 못 했던 그 축제의 참 분위기를 만끽할 수 있었다.

다루기 힘든 텐트 폴과 씨름하면서 머릿속에서 강렬하게 고동친 생각은 다음 날 최고의 기량으로 공연하기 위해서는 숙면이 필수적이라는 것이었다. 바닥 시트를 펄럭이며 주위를 이리저리 춤추듯 돌면서 전에는 경험하지 못한 공황상태에 빠졌다. 밴드에 속해 있다는 것은 종종 늦게 자고 안정적으로 잠을 자지 못한다는 것을 의미했다. 밤에는 보통 우리의 수송 차량이 근거지가 되었다. 그런데 그때는 왜 달랐던 걸까? 어쩌면 우리 앞에 펼쳐질 축제의 규모 때문이었을 수도 있고, 밤새 작은 차를 타고 이동하느라 지난 24시간 동안 잠을 잘 자지 못해서 그런 것일 수도 있었다. 아니면 내 몸이 충분히 말해주고 있는, 그 현장에 도달했다는 사실만으로도 충분해서 그랬을 수도 있었을 것이다.

사실, 이 모든 것들이 이유였다. 거기에 더해 잠이 너무 중요하다는 깨달음과 이미 수면이 부족한 상태가 합쳐지면서 나는 불안에 사로잡혔다. 그 당시 나는 그것을 대수롭지 않게 여기려 노력했다. 그래서 내 옆에 있던 어느 누구도 우리의 가장 위대한 성취 도중에 내가 잠잘 거라곤 실감하지 못했을 거라고 확신한다.

간단히 말하면, 그날 밤 나는 몇 시간을 간신히 잘 수 있었다. 그리고 다음 날 무대 옆에서 기다리고 있을 때 훨씬 더 편안했고, 전날 경험했던 공포를 떨쳐버릴 수 있었다. 그러나 시간이 흐르면서 나는 다른 수면 불안의 경우들을 경험하면서 수면과의 관계가 단절되었다. 우리는 앞으로 우리가 잘될 수 있을지 보려고 필사적으로 노력하는, 이별 연습을 하는 커플 같았다.

나는 수면 부족을 그냥 내 생활습관으로 대수롭지 않게 여기기 시작했다. 내 습관을 설명할 때 나는 '양쪽에서 초 태우기'라는 문구를 썼다. 나는 아주 약간의 수면으로도 (항상 좋지는 않지만) 여전히 제대로 기능할 수 있다는 사실에 기뻐하기 시작했다. 잠은 약골들에게나 필요한 것이고, 로큰롤에는 방해가 될 뿐이다.

어느새 잠과 나는 이혼절차를 밟고 있었다.

세 번째 줄의 곱슬머리 아이

1959년, 32세의 나이로 '세 번째 줄의 곱슬머리 아이'라는 별명을 가진 라디오 DJ 피터 트립은 얼핏 불가능해 보이면서도 다소 터무니없는 실험에 착수하기로 했다.

그가 하려던 일은 1950년대 DJ의 일상적인 입담과는 전혀 상관없는 것이었다. 비록 트립은 예의범절이 엄격하기로 유명했지만, 이면도 있었다. 그는 위험을 감수하는 사람이었고, 아침 대신에 담배를 피우는 예민한 사람이었다. 그런 그가 업계에서 그의 동료들이 자신을 능가하지 못하게 하려고 마음먹은 것이다. 그가 막 착수하려던 일은 그를 유명하게 만들었다. 하지만 또 한편으로는 그를 정신병 직전의 어둡고 절망적인 상태로 몰고 갔다.

'깨어있기 마라톤'으로 알려진 그 위험한 이벤트는 그 DJ가 약 200시간 동안 잠을 안 자고 깨어있으려고 시도한 것이다. 그 결과는 빠르고 파괴적이었다. 처음에 트립은 평소와 같이 방송을 하며 여유롭고 자신감이 있어 보였다. 하지만 첫 24시간도 되지 않아 상황이 악화일로로 치닫기 시작했다. 특히 방송 중이 아닐 때 그의 터무니없는 행동이 우려를 자아내기 시작했다. 이것이 귀중한 연구가 될 거라는 것을 알고 수면 전문가들은 트립과 함께 앉아서 그의 모든 움직임, 기분 및 태도를 기록했고, 방송국 역시 그가 계속 잠을 자지 않도록 각성제를 제공했다.

100시간 후, 트립은 환각을 보기 시작했다. 그는 신발이 거미로 가득 차 있고, 서랍에서 불꽃이 타오르고, 쥐들이 주변을 뛰어다니는 것을 보았다. 이런 환각은 렘REM수면을 위한 뇌의 필요로 초래되는 의식적인 꿈들이었다. 렘수면이 박탈당하면, 사람은 깨어 있는 반면 뇌는 렘 사이클로 들어가서 그런 환각을 보게 하는 것이다. 200시간이 다 되어가던 무렵, 트립은 시계 속에서 친구의 얼굴을 보기 시작했고, 심지어 자신이 피터 트립인지 친구인지 의아해하기 시작했다. 언제나 프로였기 때문에, 트립의 편집증과 망상은 대부분 방송 중이 아닐 때 나타났고, 어떻게든 그는 정규 방송을 하는 동안에는 정신을 가다듬을 수 있었다.

그 어리석은 이벤트가 끝났을 때, 트립은 13시간을 푹 자고 꽤 빨리 회복되는 것처럼 보였다. 하지만 얼마 지나지 않아 재정 스캔들에 연루되어 실직하고 결혼 생활을 마감했다. 트립과 몇몇 다른 DJ들이 뇌물을 받고 그들의 방송에서 특정 음반을 틀어왔었고, '깨어있기 마라톤'에 앞서서도 그는 뇌물을 받은 것이었다. 그 때문에 몇몇 사람들은 그 이벤트 동안의 그의 감정적인 편집증이 은연중에 자신의 잘못에 대한 죄책감이 반영된 것은 아닌지 궁금해했다.

이후 트립은 빠르게 몰락했고 자신이 사기꾼이라고 생각할 정도로 '깨어있기 마라톤' 이후 오랫동안 심리적 후유증을 겪었다. 그의 수면 박탈 기간의 지속적인 영향은 수면이 우리 삶에 얼마나 필수적인지를 보여준다. 잠을 전혀 자지 않으면, 우리는 죽을 것이다. 만약 일정 기간 잠을 자지 않는다면, 그것은 피터 트립에게 나타난 것처럼 정신질환 증상을 일으킬 수 있다. 그리고 또 일주일에 하루나 이틀 정도 밤의 수면 질이 나빠도 우리에게 정신적, 신체적 문제를 일으킬 수 있다.

밀린 잠을 '따라잡는 것'은 간단한 문제가 아니다. 수면 전문가인 매슈 워커Matthew Walker는 이렇게 말했다.

"당신은 한 주 동안 뇌와 몸에 부담을 주었던 빚을 갚기 위해 자려고 노력할 겁니다. 그런데 잠이 그런 식으로 작용한다면 얼마나 좋겠습니까? 안타깝게 그렇지가 않습니다. 잠은 은행처럼 계속 빚을 지다가 나중에 노력해서 갚을 수 있는 것이 아닙니다."

나는 우리 모두가 이 말을 기억하는 것이 좋을 거라고 생각한다.

20대에 수면과의 관계가 어떻게 단절되었는지 설명하니, 마치 선택이었던 것처럼 들리지만, 사실 당시 내 환경과 상황, 심리 상태가 원

인이었다. 비사교적인 시간, 창작과 공연이 수면 문제의 핵심이었지만 그 당시 나는 불면증도 문제가 될 수 있다는 깨달음을 충분히 자각하지 못했었다.

우리 팟캐스트에서 수면 주제가 처음 나온 때 중 하나는 배우 레베카 캘러드와 이야기할 때였다. 나는 레베카가 불면증 환자라는 것을 알고 있었고, 그녀와 관련 내용을 공유하고 싶었다.

레베카는 대부분 밤에 수면 방해를 경험했다. 그녀는 그에 대처하는 법을 배우긴 했지만, 때때로 잠을 계속 잘 못 자면 한계에 다다르곤 했다. 그럴 때는 그녀의 뇌와 몸이 더 이상은 견딜 수 없을 것 같았다. 그러다 어떻게 해서든 그녀의 표현대로 '다행히도' 하룻밤을 잔다면, 충분히 원기를 되찾을 수 있다고 말했다.

그녀는 자신의 불면증이 아들 소니를 임신했을 때 정말로 심해지기 시작했다고 말했다. 그녀가 이 문제를 그녀의 엄마에게 이야기했을 때, 자신이 어렸을 때도 잠을 잘 못 자는 아이였다는 것을 알게 되었다. 그녀는 항상 잠드는 것을 매우 힘들어했는데, 눈을 감으면 이상한 것들을 보곤 했다. 거의 환각이었다.

레베카처럼 아이들이 내 삶에 들어왔을 때, 내 불면증도 전면에 나타났고, 뜬눈으로 보낸 시간은 실제로 내 신체적, 정신적 안녕에 타격을 주기 시작했다. 나의 불안이 고조되고 건강이 좋지 않은 것은 수면 부족의 결과라 할 수 있다.

이 책에서 다뤄지는 많은 주제가 그렇듯 비슷한 상황에서 다른 사람들과 이야기를 나눌 수 있다는 것은 큰 위로가 되었다. 그리고 나만의 전략을 살펴보고 개선방안을 찾을 수 있는 계기가 되었다. 잠자려고 하지만 잠이 잘 오지 않을 때 안달하거나 불안해하지 않는 것이다. 던 프렌치가 팟캐스트에 나와서 했던 말이 정말 가슴에 와 닿았다.

던은 잠이 안 오면 일어나 차 한 잔과 토스트를 조금 먹으며 말 그대로 또 초저녁인 것처럼 행동한다고 했다. 그러다 한 시간쯤 지나면, 어쩐지 그녀의 뇌가 '나 조금 다시 피곤한 것 같아'라고 말하기 시작한다. 그러고 나면 그녀는 잠들 수 있다. 이는 마치 처음에 제대로 하지 못한 것처럼, 어쩌면 제대로 단계를 거치지 않았다는 듯이 그날 저녁의 마무리를 다시 하는 것과 같다.

그 방법은 내게 큰 도움이 되었다. 나는 잠과 의견이 맞지 않는 밤이면 늘 이 방법을 시도한다. 모든 관계와 마찬가지로 우리는 계속해서 노력하고 있으며, 나는 시간이 지나 잠과 내가 우리의 새로운 서약에 대해 상의할 수 있는 순간을 맞이하기를 바란다.

짐

우리는 각자 자신만의 수면과의 관계가 있다. 어떤 사람들은 잠을 자지 않는다고 말하는 것을 자랑스럽게 여긴다. 주로 사업적인 일을 하는 사람들인데, 그들은 밤에 4시간만 자고 사업적인 일을 하는 데 더 많은 시간을 할애한다고 자랑하는 것을 좋아한다. 도널드 트럼프는 밤에 몇 시간만 자고 백악관으로 가는 것으로 유명했다. 하지만 나는 그가 깨어 있는 시간 중 많은 시간을 실제 일은 하지 않고 트위터에서 불화를 일으키고 일반적으로 살아 있는 최악의 인간이 되는 데 소비했다고 의심한다. 어떤 사람들은 잠을 많이 자야 제 기능을 할 수 있다. 어떤 사람들은 낮에 자고 밤에 일한다. 그리고 어떤 사람들은, 음 그러니까, 그들은 전혀 잠을 자지 않는데, 선택한 건 아니다.

특히 창의적 분야의 사람들이 불면증에 시달리는 것 같다. 데이비드 배디얼은 팟캐스트에 나왔을 때, 불면증은 이제 다리나 팔처럼 그의 일부분이라고 말했다. 데이비드는 버트런드 러셀의 말을 되풀이했다. '잘 못 자는 사람같이 불행한 사람들은 항상 그 사실을 자랑스러워한다.' 그래서 불면증 환자가 되는 것은 감수해야 하는 부정적인 특징 중 하나라고 생각한다고 말했다. 그는 너무 오랫동안 불면증 환자였기 때문에 다른 식으로 자신을 생각할 수 없었다.

아마 많은 불면증 환자들에게 비슷한 이야기겠지만, 데이비드는 그것을 고통으로 보지 않기 위해 최선을 다하고 오히려 긍정으로 바꾼다. 그는 정말로 잠과 씨름하게 되는 밤이면, 자신의 창의력을 발휘하고 무작위적으로 떠오르는 생각들을 적는다. 그것들이 아무것도 되지 않을 수도 있지만, 많은 사람이 그렇게 한다. 하지만 공연 순회 중에는 이야기가 다르다. 공연 전에 그는 너무 피곤해서 다음 날 밤 공연을 망칠까 봐 걱정하느라 잠 못 이루는 밤이 많았다. 고맙게도 닥터 시어터가 거의 항상 모든 문제를 해결해준다. 닥터 시어터는 배우들이 공연 전에 기분이나 몸이 안 좋았다가도 어쩐 일인지 무대에 서면 기적적으로 회복되고, 그 후에 다시 기분이나 몸이 안 좋아질 때 치유법으로 이야기하는 것이다.

데이비드는 정말 어떤 엿 같은 것을 긍정으로 바꾸는 데 영감을 준다. 나는 불면증 환자는 아니지만, 불면증은 여전히 우리 모두에게 영향을 미칠 수 있다. 어떤 창의적인 아이디어를 구상하느라 숱한 밤을 뜬눈으로 지새우거나, 한밤중에 불현듯 좋은 생각이 떠올라 잠에서 깨는 경우가 많다.

2013년에는 더 풋볼 스페셜The Football Special이라는 유튜브 애니메이션 시리즈에 코미디 축구 노래를 쓰고 있었다. 그런데 한 주에 한 곡을 쓰고 월 단위로 보내야 했기 때문에 항상 작곡을 하고 있는 셈이었다. 그것은 내가 계속해서 휴대전화 녹음기 앱에 대고 짧은 리프(반복 악절 - 옮긴이)와 훅(흥미를 끄는 짧은 후렴구 - 옮긴이)을 불러야 한다는 것을 의미했다. 많은 경우에 나는 머릿속에 멜로디 하나가 떠오르면 한밤중에 일어나 비몽사몽간에 휴대전화에 대고 그것을 불러댔다. 그러곤 아침이면 그것이 앞뒤가 맞는 제대로 된 멜로디이기를 바라곤 했다. 고맙게도 그중 몇 멜로디는 그랬고, 몇 주 후에 완전한 노래가 되기도 했다.

나는 오랜 기간 잘 자고 그래서 말 그대로 어디서나 꽤 잘 잘 수 있다는 것에 자부심을 느끼는 사람 중 한 명이었다. 영화 앞 소파에서? 물론이다. 비행기? 문제없다. 장거리 버스? 베개만 주면 바로 곯아떨어진다. 한번은 친구가 파티 후에 우리를 밖으로 내보내고 문을 잠가버리는 바람에 친구 집 밖 덤불 밑에서 잔 적도 있었다. 심지어 술도 마시지 않았는데 말이다.

그러다 보니 잠을 많이 잘 뿐 아니라 그 잠이 필요한 사람이 되었다. 만약 내가 하룻밤에 7, 8시간을 제대로 자지 못한다면, 나는 매우 짜증을 낼 것이고, 다음 날은 공치게 될 것이다. 나는 직장에서 잠을 충분히 자지 못했다고 끊임없이 불평하곤 했다. 하지만 전국 평균을 고려할 때, 그 사무실에는 아마 전날 잠을 자지 못했거나, 제대로 못 잔 사람들이 수두룩할 거라는 것을 전혀 모르고 있었다.

그런데 이상하게도 팟캐스트를 시작한 후에 수면 주제가 꽤 정기적으로 나왔는데, 그 이후로 나는 잠과 씨름하기 시작했다. 내 딸도 분명 영향을 미친 요인이었다. 딸아이가 병원에서 집으로 돌아온 후 처음 몇 주 후에 한번은 새벽 3시에 부엌 싱크대에서 깨어났다. 나는 왜 내가 거기 있었는지 전혀 모른다. (육아 주제는 책 후반에서 자세히 다룬다.)

한번은 뜬눈으로 유독 스트레스가 많았던 밤을 보내고 다음 날 팟캐스트에 온 초대 손님이 있었다. 그 손님은 매우 성공적이었던 방송의 두 번째 시리즈 원고를 늦게까지 쓰다가 컴퓨터가 다운되어 작업하던 방송분을 날려먹었다. 그리고 자신이 기억할 수 있는 원고 부분을 복구하느라 애쓰며 밤을 새운 다음 날 아침에 우리를 만나러 온 것이었다. 그 손님은 밤새 엄청나게 허탈하고 당황스러운 시간을 보내고 와서 우리와 공백의 순간들에 대해 이야기했다. 돌이켜보니, 그 손님은 쉽게 약속을 취소할 수도 있었고 우리도 충분히 이해했을 텐데도, 자신이 약속을 지키는 그런 사람이라는 것을 보여주었다.

하지만 그 결과, 한 시간 동안 정말 격렬한 대화가 이루어졌고, 우리는 누군가가 잠을 전혀 자지 않을 때 어떤 일이 일어나는지 직접 볼 수 있었다. 그 손님은 여과 장치 속 무언가가 꺼진 듯 그냥 자신의 경력과 삶에서 자신을 괴롭혔던 모든 것들에 대해 말하고 또 말했다. 그것은 마치 정직이란 스위치가 켜진 것 같았다. 그 손님은 평소에도 그랬을 수 있다. 이전에 한 번도 그 사람을 만나본 적이 없었기 때문에 잘 모르지만 결국, 우리의 방송 중 가장 솔직하고 자연스러운 모습 그대로 나간 것 중 하나가 되었다.

그 후에 수면 부족이 뇌에 어떤 영향을 미치는지 궁금해졌다. 분명한 것은 좋지 않다는 것이다. 자일스가 이미 피터 트립의 '깨어있기 마라톤'에 대해 이야기했다. 수면 부족은 분명히 그 DJ의 정신 상태와 행동에 지대한 영향을 미쳤다. 이런 이유로 우리는 잠을 못 잤으면 운전하지 말라고 사람들에게 권고하는 도로 표지판을 많이 보는 것이다.

우리의 그 수면 부족 초대 손님은 날려버린 방송 원고를 복구하기 위해 그날 밤 많은 글을 썼으며, 사실 애초에 썼던 것보다 훨씬 나을 수 있는 글들이 많았다고 했다. 경우에 따라서 이는 '다시 쓰기'라 할 수도 있지만, 다시 쓰기 작업이 보통 그렇게 극적으로 강요되지는 않는다.

이 책의 자료 조사를 하면서 우리는 초대 손님들의 각 이야기를 통해 무엇을 배울 수 있는지 모든 방송분을 다시 살펴보았다. 그런데 이 초대 손님의 이야기가 가장 흥미로웠다. 그래서 나는 나만의 작은 실험을 해보기로 작정했다. 나는 가능한 한 잠을 적게 자면서 밤늦게까지 이 책의 내 담당 부분을 쓰고자 했다. 결과적으로 내가 더 좋은 글을 쓰게 될까? 수면 부족이 이전에 내가 탐구하지 않았던 뇌의 영역을 열어줄까? 다음 날 아침에 일어나면 황금 같은 수천수만 개의 말들을 가지고 노트북으로 향하게 될까? 아니면 하룻밤 자면서 생각하는 버릇 때문에 문자 'z'만 수백 번 반복할까?

그 대답은 어느 쪽도 아니었다. 겨우 자정을 넘겼는데 간신히 깨어 있을 수 있었고, 글도 많이 쓰지 않았다. 그러고 나서 나는 잠을 자려고 노력했지만 잠들지 않는 나 자신에게 짜증이 났다. 인간으로서 어쩐지 실패한 것 같았다. 의도적으로 잠을 자지 않는 것과 잠을 자려고 하는데 깨어 있는 것은 별개의 문제다. 자고 싶은데 잠이 안 올 때면 나는 항상 실패에 대한 생각에 사로잡히는 것 같다. 마치 내가 정확히 지금 이 순간 꼭 해야 할 이 한 가지 일조차 못 하는 것 같은 것 말이다. 말 그대로 일이 하나인데 그것조차 못하다니! 그러다 보면 자신을 원망하고 짜증이 나기 시작하는데, 이는 잠드는 것을 더욱 힘들게 만들 뿐이다.

우리의 수면 부족 손님의 경험을 듣고, 또 나 자신의 수면 실험을 시도하고(그리고 실패) 나서 사람들의 삶과 창의성에서 잠이 하는 역할에 대해 더 잘 이해하고 감사하게 되었다. 누군가는 잠이 필요하고, 누군가는 필요하지 않고 누군가는 잠이 필요하지만 잘 수 없고, 누군가는 필요하지 않지만, 많이 잔다. 이다음에 충분히 잠을 자지 못했다고 다른 사람들에게 투덜거릴 때는 내가 누구에게 투덜거리고 있고, 그들이 무슨 일을 겪고 있는지 더 배려하고 알려고 노력해야 한다는 점을 확실히 더 알게 되었다. 특히 처음 부모가 된 사람들처럼 전에는 숙면하곤 했는데 지금은 그러지 못하는 사람들에게. 팟캐스트를 시작한 이후로 아내와 내게는 첫아이가 생겼고, 아이가 점점 크면서 우리의 밤은 점점 짧아졌다. 그러면서 나는 수면 문제를 겪는 사람들에게 정말 공감하기 시작했다.

이지 서티가 팟캐스트에 나왔을 때, 잠을 못 자는 것과 그것이 그녀의 공연에 어떤 영향을 미치는지에 대해 말했다. 그녀는 자신의 첫 아이가 아주 잘 잤기 때문에 아이 때문에 잠을 못 잔다고 불평하는 사람들을 무시하곤 했었다고 고백했다. 그러나 둘째 아이는 얘기가 달랐다. 야간 유모 덕택에 잠은 나아졌지만, 두 아이 모두 수두에 걸렸을 때, 이지와 남편 엘리스는 밤새 밤을 스치고 지나는 사람들처럼 방을 교대로 오가며 각 아이를 돌봐야 했다. 한번은 다섯 살짜리 아이에게 잠자리 동화를 읽어주다가 잠든 적이 있었다. 이 아이는 너무 고통스러워하며 동화를 읽어주어야만 울음을 그쳤다. 이 단계가 되자, 이지와 엘리스는 아이들에게 잠을 좀 자게 해달라고 사정하는 지경에 이르렀다. 무엇보다 다음 날 글을 쓰든 공연을 하든 한숨도 못 잔 상태에서 해야 했기 때문이었다.

이 대화는 우리 아이가 태어나기 바로 전에 있었는데, 나는 그녀가 말할 때 닥자 너머에서 매우 걱정스러운 표정을 지었었다. 감사하게도 이지는 수면 문제가 나아졌다고 말했다. 상황이 나아진다는 생각은 단순히 잠을 못 잘 때뿐만 아니라 전반적으로 삶을 위한 좋은 대처 방법이라고 생각한다. 대부분의 일은 상황이 좋든 나쁘든 한 단계이며, 끝이 있다는 것을 알면 어떤 일이 일어날 때 그것을 처리하는 데 도움이 될 수 있다.

이지는 또한 직업 불안이 어떻게 수면 부족으로 이어졌는지에 대한 이야기를 들려주었다. 그녀는 오리와 사랑에 빠진 개구리에 관한 연극, 〈사랑에 빠진 개구리〉에 출연하고 있었는데, 슬프게도 나는 그 연극을 보지 못했다. 출연진들이 에든버러 프린지로 공연을 옮기기 전 리허설 복귀 전에 공연을 잠시 쉰 데다 다양한 억양(그녀는 리버풀 출신의 오리 역할뿐만 아니라 런던내기 쥐와 다른 역할을 했다)을 소화해야 했기 때문에, 이지는 예전 같지 않거나 수준 이하의 연기를 하게 될까 봐 너무 걱정되어서 잠을 잘 수 없었다. 그것은 꽤 심각한 불면증으로 이어졌다.

그러고 나서 그녀는 우리에게 잠과의 씨름이 직접적이고 매우 고통스러운 영향을 미쳤던 때에 대해 말했다. 이지는 채널4 시리즈인 〈쉐임리스Shameless〉에 출연하는 동안, 너무 피곤해서 아침에 대사를 잊어버릴까 봐 걱정하며 뜬눈으로 맨체스터의 한 호텔 방에서 밤을 지새웠다. 3일 밤 동안 이런 일이 계속되었고, 3일째가 되자 그녀는 잠이 너무 부족해서 가능한 한 잠을 자려고 안달했다. 다음 날 아침, 세트장으로 데려갈 미니버스가 도착하기 전에, 그녀는 몇 분간 자기를 바라며 가능한 한 오래 침대에서 미적거렸다. 그러다 서둘러 샤워를 하려고 가다가 열려 있는 욕실 문을 보지 못하고 문에 얼굴을 부딪쳤다. 그녀가 잠이 드는 데 방해가 되지 않도록 방 안의 불을 모두 꺼놨었기 때문이었다.

물론, 미니버스에 있는 모든 사람이 점점 부풀어 오르는 그녀의 거대한 멍든 눈을 눈치챘고 세트장에 도착하자마자 그녀는 응급실로 가야 했다. 의사들은 그녀에게 며칠 쉬라고 조언했지만, 감독이 '안 된다'라고 했다. 그래서 그녀는 곧바로 촬영장으로 돌아가 멍든 눈 위를 화장으로 가리고 촬영에 임했다.

만약 그것이 밤의 숙면을 위한 광고가 아니라면, 나는 그게 무슨 말인지 알 수 없다. 그래서 다시 이지 방송 때로 돌아가서 내가 그녀의 눈의 멍을 알아챌 수 있을지 확인해보고 싶다. 잠이 부족하면 느리고 무기력해지는 경우가 대부분이지만, 이지의 이야기는 신체적으로도 상해를 입을 수 있다는 경고다. 사실 잠을 제대로 자야 하고, 또 잠을 자지 않으면 멍한 공백의 상태로 이어질 뿐 아니라 뇌까지 손상될 수 있다는 과학적 이유들이 있다.

한동안 잠을 제대로 자지 못했을 때의 느낌을 우리는 모두 알고 있다. 마치 절반의 속도로 작동하고 기본적인 일조차 엄청나게 어려워지는 것과 같다. 두뇌가 제대로 작동하지 않는 것처럼 느껴지는데,

그것은 실제로 제대로 작동하지 않기 때문이다. 우리는 방송에서 심리학자 피오나 머든Fiona Murden과 공백의 찰나 뒤에 숨겨진 과학을 알아보기 위해 이야기를 나눴다. 그녀는 눈을 너무 많이 뜨고 밤을 보낼 때 무슨 일이 일어나는지 꽤 눈이 번쩍 뜨이는 설명을 해줬다.

그녀의 말에 따르면 피곤할 때 뇌는 다르게 작동하기 시작한다는 것이다. 예를 들어, 논리적 반응을 제어하는 뇌의 한 부분인 전두엽이 감정에 점령당하기 때문에 피곤할 때는 사소한 일에도 버럭 화를 내게 된다. 그리고 그 상태는 점점 더 나빠진다. 2015년 미국 로체스터 대학 의료센터의 메이켄 네더가드Maiken Nedergaard 박사의 연구에 의하면 우리가 잠을 자는 동안 뇌는 신경학적 독소를 스스로 제거한다. 잠을 자지 않으면 그럴 수 없다. 그러니 말 그대로 뇌를 중독시키는 것이다.[2)]

그리고 실험들에 따르면 수면에는 약 4시간 동안 지속되는 자연적인 주기가 있다. 피오나는 역사적으로 사람들은 4시간 후에 일어나서 한 시간 동안 기도, 독서 또는 이웃과의 대화 같은 일상적인 일을 한 후 다시 잠을 자곤 했다고 말했다. 물론, 요즘에는 한밤중에 깨면 사람들 대부분은 이에 맞서 바로 다시 자려고 애쓸 것이다. 지금의 보편적인 8시간 수면 패턴이 어디에서 왔는지 궁금증을 자아내는 대목이다.

2) https://www.urmc.rochester.edu/news/story/4254/study-that-shows-howbrain-cleans-itself-while-we-sleep-honored-by-aaas.aspx

이 자연스러운 주기는 왜 그렇게 많은 창의적인 사람들이 한밤중이나 그들이 막 잠들려고 할 때 아이디어를 떠올리는지 설명하는 데 도움이 될 수 있다. 이지 서티는 우리에게 바로 그 질문을 했다. 우리가 잠들기 직전에 뭔가 창조적인 아이디어가 떠오르는지, 그러면 무엇을 하는지 물었다. 데이비드 배디얼 역시 그것을 언급했다. 두 사람 모두 밤에 아이디어가 떠오르면 적어두었다가 아침에 다시 찾아보는 것을 좋아한다고 말했다. 우리의 두뇌가 어떻게 작용하는지 더 많이 알게 된 후, 이러한 밤시간대의 창의적인 순간과 많은 창의적인 사람들의 불면증과의 연관성이 이해되기 시작했다.

사실, 피오나의 이 진실 폭탄은 팟캐스트를 녹음한 후 나에게 깊은 영향을 미쳤다. 나는 하룻밤이나 여러 날 밤에 잘 못 자면 내가 왜 완벽한 상태의 사람처럼 느껴지지 않는지 갑자기 이해되었다. 그리고 사실, 나는 우리가 이 정보를 이용해서 우리 자신을 조금이나마 자유롭게 할 수 있다고 생각한다. 잠 못 이루는 밤은 실제로 자신의 잘못 때문이 아니다. 그러니 자신에게 친절하고, 회복할 시간을 주며, 그다음 날은 아마 공치는 날이 될 거라는 사실을 받아들일 필요가 있다.

그것은 연료가 떨어진 차를 타는 것과 같다. 연료가 빈 상태로 달린다고 차를 탓하지는 않을 것이다. 주유소에 가서 연료를 채울 것이다. 그것이 바로 우리의 몸과 뇌를 위해 우리가 해야 할 일이다.

이 모든 것을 염두에 두고 블랭크 팟캐스트가 제안하는 더 나은 수면을 위한 상위 열 가지 정보는 다음과 같다.

첫째, 마음을 고요하게 하는 법을 배우면 스트레스가 많은 낮시간에 내처하고 밤에 잠드는 데 도움이 될 수 있다.

둘째, 자기 전에 스트레스가 많은 활동을 피하자. (퀴즈 프로그램을 보지 마라.)

셋째, 할 일 목록을 종이에 적어라.

넷째, 만약 잠에서 깨어나면 일어나서 취침 루틴을 다시 시작하라.

다섯째, 유튜브에서 볼 수 있는 윔호프Wim Hof 호흡법을 따라 해보자.

여섯째, 매일 운동을 하도록 노력해보자.

일곱째, 잠들기 최소 한 시간 전에는 휴대전화를 끄자.

여덟째, 잠들기 직전에 책을 몇 페이지 읽자.

아홉째, 오후 5시 이후에는 카페인을 금하고 과도한 음주를 피하자.

열째, 멜라토닌 보충제, 그리고/또는 마그네슘을 섭취하자.

또는 한 단계 더 나아가 이지 서티 어머니의 현명한 조언을 따를 수도 있다. 이지의 어머니는 잠자기 전에 책을 몇 페이지 읽지 않으면 잠을 잘 수 없다. 그녀는 그렇게 하면 자신의 마음이 맑아지는 것을 느낀다. 잠자리 독서는 근래에 내가 하는 일이기도 한 만큼, 이지는 내가 어떤 종류의 책을 읽는지 물었다. 그녀는 자신의 어머니가 너무 흥미진진한 책은 효과가 없으므로 정말 지루한 책을 읽으라고 권했다고 말했다. 사실, 그녀는 심지어 자기 전에 안내 책자들을 읽기도 한다. 그래서 아마 커피머신의 물때를 없애는 방법은 좋은 선택일 수도 있을 것이다.

당신에게 효과가 있는 것이면 아무거나 상관없다!

나의 공백의 순간은 모르는 사람들과 한 방에 같이 있을 때인데, 그게 가끔 얼마나 어색한지 모른다. 나는 BBC 행사에 갔다가 입이 떨어지지 않아 아무한테도 말 한마디 하지 않고 집으로 왔다. 그저 완전히 수줍어서 그런 것이었다.

_ **리스 쉬어스미스**Reece Shearsmith

자일스

사회적 불안은 매우 흔하며 우리는 모두 군중 속에서 또는 사교 모임에서 불안을 느낀 적이 있다. 그러나 이러한 불안이 잦아지거나 정상적인 생활을 하지 못하게 만드는 지경에 이르면, 우리의 사회생활은 조금은 버거워질 수 있다.

연기하는 직업을 가진 사람들이 사회적 불안으로 고통받는다는 것을 상상하기란 그리 쉽지 않다. 하지만 그들은 그렇다. 오스카상을 수상한 여배우 킴 베이싱어는 자신의 불안 경험에 대해 말한 적이 있었다.

"할리우드에 왔을 때, 전 비키니를 입을 수 있었지만, 사람들이 저를 보고 있었기 때문에 비참했어요. 그래서 전 헐렁한 옷을 입고 다른 소녀들이 큰 역할을 맡아 상을 받는 걸 지켜봐야 했죠. 저는 집에 가서 피아노를 치고 밤에 소리를 지르면서 답답함을 풀곤 했습니다. 그리고 이게 저의 광장공포증으로 이어졌죠."

사회적 불안이 발달하는 방식과 그것을 유발하는 요인은 사람마다 크게 다르다. 나의 경험으로 볼 때, 나는 더 큰 그룹 속에 있거나 더 많은 청중에게 말할 때 가장 불안해한다는 것을 알고 있다. 이는 내가 작가 행사 때 해야 하는 일들이다. 물론 긴장을 느끼는 것은 전적으로 자연스러운 일이다. 나에게 가장 좋은 해소 수단은 종종 열심히 집중해 준비하는 것이다. 내가 무슨 말을 할지 또는 어떤 행동을 할지 머릿속에서 아주 잘 계획해야 한다. 그러지 않으면 방에서 갑자기 도망치고 싶은 유혹에 엄청나게 휩싸일 수도 있다.

나는 이런 경우를 대비해 나만의 전략을 세워 구현하고 있으며 다양한 수준의 성공을 거두었다. 나는 거의 항상 사회적 불안을 겪는 사건에서 공백의 순간을 경험한다.

우리가 팟캐스트에서 이 주제에 대해 처음 논의한 것은 배우이자 작가인 리스 쉬어스미스와 함께했을 때였다. 그는 자신의 경험에 대해 솔직하게 말했다. 그는 모르는 사람들과 한 방에 있을 때 공백 상태가 된다고 말했는데, 그 이유는 그게 너무 어색하기 때문이다. 그는 BBC 행사에 갔었지만 두려워서 입도 떼지 못하고 사람들을 '잠시도' 쳐다볼 수 없었다고 우리에게 말했다. 아는 사람이 아무도 없을 때, 누군가에게 다가가 인사하는 것은 매우 어려울 수 있다. 리스는 알 만한 사람이 있는지 주변을 둘러보다가, 아무도 보이지 않으면 다른 사람에게 한마디도 하지 않고 돌아서서 집으로 갈 때가 있다고 말했다. 그는 그런 상황을 적극적으로 피할 정도로 수줍음이 많고, 사람들이 자신을 지루하거나 재미없다고 생각할까 봐 종종 그냥 서서 듣기만 하고 대화에 참여하지 않는다.

어린 시절, 나는 사회적 상황에서 극도로 수줍음을 많이 탔다. 10대 시절 내내 나를 계속 괴롭힌 건 어색함이었다. 나는 수업 시간에 말썽을 피우며 어색함을 이겨내려고 했다. 그러다 보니 다수의 학교생활기록부에 문제아로 기록되었다. 나는 관심을 구하면 관심에 대한 욕구를 극복할 수 있을 거라고 비뚤어지게 생각했다. (그때도 말이 안 되었지만, 지금 생각해보면 더 말이 안 된다.) 지나친 외향성으로 내성적인 성격과 싸우려고 노력한 것은 내 잘못이었다. 그것은 단지 나의 부족함과 객쩍다는 느낌을 잠시 유예했을 뿐이었다.

연료가 바닥난 자동차처럼 10대 후반에 나는 더 많이 틀어박혀 친구들과의 교류가 뜸했다. 더 편안한 일대일 시나리오를 고수하면서 내가 말한 거의 모든 것을 끊임없이 과잉 분석했다. 이것은 내가 결코 떨쳐낼 수 없었던 성격상 특성이다. 우리는 블랭크 팟캐스트에서 방송 진행자 에밀리 딘과 이 특성에 대해 이야기했다. 스포츠 전문가가 경기 후 분석을 하는 것처럼 우리는 때때로 우리 자신의 대화를 분석한다.

에밀리는 자신의 말을 듣거나 지켜보는 것이 얼마나 부자연스러운지에 대한 글을 읽고 있다고 말했다. 그런데 이것은 뇌와 어떻게 우리가 근본적으로 적을 경계할 준비 태세를 갖추는지와 관련이 있다. 우리는 '저 포식자가 나를 잡아먹을 거야'와 같은 우리 자신의 최악의 두려움을 확증하려 한다. 그 때문에, 사물이나 상황을 인식하고 그 정보를 부정적인 시각으로 처리하는 경향이 있다. 그리고 이상하게도, 그런 일은 우리가 우리 자신을 바라보거나 들을 때 일어난다. 그래서 우리는 모두 우리 자신의 최악의 트위터 트롤이 될 때가 있다.

이런 식의 경기 후 분석은 미래의 어떤 만남에서도 불편함을 유발한다. 우리의 대화를 부정적으로 평가하는 것은 사회적 불안의 주요 증상이지만, 명백한 것은 아니다.

팟캐스트를 하는 건 나 자신의 사회적 신경증에 대한 축복이자 저주였다. 밖으로 나가서 나의 수줍음을 정복하고 싶은 나의 욕구가 나를 더 편안한 곳으로 이끌었다. 한 번도 만난 적 없는 사람들뿐만 아니라 내가 대단히 존경하고 영감을 받는 사람들과 만나서 이야기하는 것은 수줍음의 악마에게는 정말 굉장히 실망스러운 일이다. 하지만 종종 나의 불안감은 다시 일고, 내 귓속의 작은 벌레가 나를 계속 괴롭히기 시작한다. '왜 그런 말을 했을까?', '그 말을 하지 말아야 했어' 등등.

사회적 불안이 정말로 무엇인지 더 잘 이해하기 위해서 심리학자이자 팟캐스트 친구인 피오나 머든과 Q&A를 했다. 우리에게 약간의 통찰력을 주도록….

1. 사회적 불안이란 무엇인가?

불안장애의 일종으로, 보통의 일상적인 사회 상황에서 발생한다. 사회적 불안은 다른 사람들에게 평가받는 것에 대한 지속적인 두려움이다. 망신당하거나 당황할 거라는 걱정과 함께 감시당한다는 생각으로 인한 불편함이다. 종종 낮은 자존감과 우울증과 관련이 있다. 업무 회의나 발표와 같은 특정 유형의 상황과 관련될 수 있는데, 종종 사람들은 특정 행사가 있기 전에 며칠, 몇 주, 심지어 몇 달 동안 걱정을 할 것이다. 또한, 그것은 더 일반적일 수 있고, 다양한 사회적 환경과 관련이 있을 수 있고, 직장, 학교, 그리고 사회적 활동에 지장을 줄 수도 있다.

2. 내향적인 것과 사회적 불안이 있다는 것 사이에 차이가 있나?

그렇다. 확실히 있다. 내향성은 자신의 에너지를 어디서 얻느냐에 대한 것이다. 내향적인 사람에게는 재충전을 위해 혼자만의 시간이 필요하다. 하지만 그것은 그들이 사회적 상황에서 불안해한다는 것을 의미하지 않는다. 그들은 단순히 정신 공간을 확보하기 위해 다른 사람들과 떨어져 있는 시간이 필요한 것이다. 내성적인 사람들은 사회적으로 매우 자신감 있고 사교적일 수도 있다.

3. 사회적으로 불안한 순간을 극복하는 데 도움이 되는 시도를 해볼 수 있는 기본 전략이 있나?

머릿속으로 자신에게 친절하고 긍정적으로 말하는 것이다. 자기 대화를 실제로 관찰하고 혹독하기보다는 친절하게 해보려고 노력하는 것이다. 자신이 아닌 다른 사람들에게 집중해보라. 우리는 사람들이 우리를 보거나 판단하는지에 너무 집중하는 경향이 있다. 그런데 그 대신에 다른 사람들을 지켜보고 생각하는 것이 정말 도움이 된다. 예를 들어, 다음 할 말에 집중하기보다 다른 사람들이 말하는 것을 제대로 잘 경청하는 것이다. 상대방이 어떻게 느끼는지에 대해 충분히 생각해봐라. 귀를 기울이고 진정한 관계를 맺도록 정말 열심히 노력하라. 당신이 사람들에게 말할 시간과 경청하는 느낌을 주면 그들은 많이 용서하고 당신을 판단할 가능성이 작다는 것을 기억하라. 당신이 불안하거나, 두렵거나 걱정되더라도 다른 사람들은 알아차리지 못할 거라는 점을 스스로 상기하라. 사람들은 대부분 자신 그리고 다른 사람들이 자신에 대해 어떻게 생각하는지 너무 걱정한다. 마지막으로 불안을 유발하는 신체적 요인을 살펴보라. 카페인 섭취를 줄여라. 술을 마시고 있다면 적당히 마셔라. 신체적 활동을 해라. 그리고 충분히 수면을 취하도록 노력하라.

4. 소셜 미디어의 등장으로 사회적 불안이 커졌나?

복잡하다. 소셜 미디어는 전반적으로 불안 수준을 증가시켰으며, 이것은 실제 상황에서 사람들의 사회적 불안 성향을 증가시킬 수 있다. 사회적 불안이 있는 사람들은 온라인상의 사회적 상호작용을 선호하는 경향이 있다. 하지만 연구에 따르면 도움이 되는 것으로 인식됨에도 전반적인 건강과 행복 수준은 저하되는 경향이 있다.

5. 사회적 불안을 처음 겪는 사람에게 조언한다면?

자신에게 온화하고 친절하게 대하라. 괜찮다. 많은 사람이 그렇게 느낀다. 자신이 신뢰하는 사람에게 이야기해보라. 헤드스페이스Headspace와 같은 마음챙김 앱을 사용해보고, 문제가 지속되면 전문가의 도움을 받아라. 도움이 되는 치료법으로 수용전념치료Acceptance Commitment Therapy ; ACT나 인지행동치료를 제안한다.

나에게 팟캐스트 활동의 가장 큰 이점 중 하나는 각각의 대화가 전부 녹음된다는 것이다. 이 책을 쓰기 위해 방송을 다시 들으면서 나는 다른 사람들과 상호작용하는 방식에 대한 나의 편집증을 다룰 수 있었다. 왜냐하면, 일종의 법의학적 검사를 할 수 있기 때문이다. 흔히 그렇듯 현실과 내 머릿속의 인식 사이에는 극명한 차이가 있다. 그런데 순간적으로 매우 강렬하게 느껴지는, 좋은 인상을 주고 싶은 나의 열렬한 욕구는 나중에 대화를 들으면 약화되어 들리기 일쑤다.

최고의 인상을 주고 싶어서 다른 사람들과 상호작용하면서 자신을 혹평하는 것이 쉬운 것만큼, 당신이 평소 자기 모습 그대로 계속 진정성을 유지한다면, 대부분의 경우 사람들은 전혀 신경 쓰지 않는다는 것을 기억하는 것 또한 중요하다. 이것은 인기 경연대회가 아니고, 우리가 〈드래곤즈 덴Dragons' Den〉 프로그램에서 피칭을 하거나 엑스팩터X Factor에서 공연하는 것도 아니다. 우리는 각각의 대화를 배우고 발전하는 기회로 삼아야 한다. 이것이 내가 이 팟캐스트를 시작하고 싶었던 가장 큰 이유 중 하나다. 나는 인간으로서 배우고 성장하고 싶고, 사회적 상호작용을 통해서만 진짜로 그렇게 할 수 있다고 느낀다. 그래서 당분간은 내가 가지고 있는 모든 불안과 최대한 거리를 두고 있다.

엘리노어 루스벨트가 언젠가 말했다. "당신은 멈춰 서서 두려움에 맞설 때마다 강인함과 용기 그리고 자신감을 얻는다. 당신은 스스로에게 말할 수 있다. '나는 이런 공포를 이겨냈으니 다음에 무슨 일이 닥쳐도 끄떡없어'"라고. 블랭크 팟캐스트는 나의 훈련으로 천천히, 그러나 확실하게, 매회 변화의 아령에 1킬로그램씩 용기가 더해지며, 자신감 근육이 커지고 있다.

집

나는 사회적 참여의 면에서는 완전히 사기꾼이다. 나는 어떻게든 파티에서는 훌륭하고 관심의 대상이 될 만하게 다정하고, 매력적이며, 재미있는 사람의 이미지로 관리해왔다. 하지만 100번 중 99번은 어떤 사교 모임에 가느니 TV 방송 시리즈를 보면서 집에 있는 편을 선택한다. 술집에서의 파티든, 레스토랑에서의 저녁이든, 시상식 같은 화려한 행사든 어떤 종류의 사교 행사든 가다가 도착도 하기 전에 차를 돌려 집으로 직행하고 싶었던 적이 셀 수조차 없이 많다. 나는 어딜 가나 불안하다.

친한 친구들과 함께하는 아주 작은 저녁 파티에 초대받을 때도, 마치 어떤 식으로든 공연이나 연기를 해야 하는 것처럼 여전히 불안초조해한다. 구석에 조용히 앉아 대화나 듣고 내 일이나 신경 쓸 수는 절대 없다. 이제 그러기엔 내가 너무 멀리 와버렸다. 사람들은 내가 조용히 잠자코 있는 것을 더 좋아한다고 생각하기보단 뭔가 나에게 문제가 있다고 생각할 것이다. 내가 쌓아온 이미지나 사람들이 나에 대해 생각하는 것과는 반대로 나는 조용히 있는 것을 좋아한다. 하지만 친구들 사이에서조차도 그럴려고 씨름한다. 공연하고 웃기고 즐거움을 주는 사람으로 기대되면, 그것이 설사 원하지 않더라도 내가 취할 자세다.

또한, 새로운 사람들이 있는 파티도 있다. 나에겐 매번 새로운 페르소나를 만들 기회가 있지만, 나는 항상 같은 페르소나를 선택한다. 착하고, 재미있고, 수다스러운 남자. 나는 새로운 사람들에게 나를 소개하는 것이 엄청나게 피곤하고 재미없는 일이란 것을 알고 있다. 그런데도 나는 내가 평범한 직업을 가지고 있지 않기 때문에 내가 하는 일을 정당화해야 한다고 느낀다. '아, 돈이 많지는 않지만, 나는 그것을 즐긴다(항상 그런 건 아니다)', '나는 집에서 일을 많이 하는데, 그것은 정말 좋다(그렇지 않다)', '자유는 축복이다(종종 정반대다)' 나는 좀 더 젊었을 때는, 이런 유형의 참여를 견디기 위해 술을 마시곤 했다. 하지만 많은 사건들(그중 일부는 병원에 실려 가는 등)을 겪은 후에는 술 마시던 시절은 옛말이 되었다. 그래서 나는 이를 악물고 이겨내야 하고, 스스로에 대한 의구심을 해결해야 한다. 그들이 날 싫어하면 어쩌지? 날 바보로 생각하면 어떡해? 그들이 다른 대화로 넘어가면? 나는 보통 시속 100마일의 속도로 이야기하면서, 그들이 나와 함께 있는 것을 즐기고 있는지 아닌지, 단서를 찾기 위해 그들의 얼굴을 분석한다. 만약 그들의 눈이 내가 아닌 다른 것, 내 뒤에 있는 누군가나 방에 있는 다른 것을 향하면, 나는 공황상태에 빠지기 시작한다. 그리고 또 그들이 내 얘기에 이어 그들의 이야기로 호응하지 않거나 대화를 계속하기 위해 어떤 말도 하지 않는다면 나는 또 공황상태에 빠진다. 그러나 진실은 때때로 사람들과 이야기하더라도 그들과 제대로 된 관계를 맺지 못할 수도 있다는 것이다. 종종 있는 일이다.

하지만 파티 석상에서의 나의 불안은 호감을 받고 싶은, 더 정확히 말하면 사랑받고 싶은 극도의 욕구로 귀결된다. 이는 많은 사람에게 해당하는 사실이라 생각한다. 그것이 아마 내가 스탠드업 코미디를 하는 이유일 것이다. 사실, 나는 소수의 사람이 참석한 파티에 있는 것보다 200명의 관객을 향해 농담하는 무대에 서는 것이 훨씬 더 편하다. 그들이 모두 나를 주목하고 대부분이 내 말을 즐기고 있다는 것을 알면 별로 관심이 없는 사람과 일대일 대화를 하려고 애쓰는 것보다 훨씬, 훨씬 덜 불안하다.

흥미롭게도, 그리고 다소 기쁘게도, 코미디언 레이첼 패리스도 이에 동의한다. 그녀는 집을 떠나서는 아무것도 할 수 없는 극심한 불안의 시기를 겪었다고 고백했다. 하지만 마침내 공연하고 나니 자신이 괜찮다는 것을 알게 되어 실제로 안도했다고 했다. 그러니까 무대 위에서 말이다. 그곳으로 가는 여행부터 촬영장 준비, 대본 연습까지 공연을 둘러싼 모든 경험이 악몽이었다. 그녀는 떨면서 현장에 도착했지만, 무대에 오르니 모든 것이 괜찮아졌다. 그것은 안도였다. 그녀는 설사 뇌가 그곳에 도착하는 것을 막으려 했어도 여전히 자신이 잘하는 일을 할 수 있다는 것을 깨달았기 때문에 느낀 안도감이었다고 말했다. 정말 불안했던 시기에 잠시나마 평온한 순간이었다.

호감을 사고 싶은 욕구는 어떤 식으로든 우리 모두에게 영향을 미친다. (그렇지 않다면 당신은 소시오패스일 수 있고 그것을 확인하고 싶을 수도 있다.) 대화로 회사의 호감을 사고 싶든, 아니면 비즈니스 기술, 실무 기술, 조직 기술 또는 그 밖의 무엇으로든, 우리는 모두 다른 사람들에게 인정받기를 원한다. 그것은 우리를 인간으로 만드는 것의 일부, 즉 인정받고 싶고 다른 사람들과 연결되기를 바라는 욕구다.

그리고 내 말이 어쩌면 나를 사람들이 어떻게 생각하는지에 대해 너무 많이 신경 쓰는, 절박하게 도움이 필요한 사람으로 여겨지게 만들 수도 있겠다. (팟캐스트와 이 책 후반부 모두에서 시각이 변하기는 하지만) 하지만 나는 그것이 꼭 나쁘다고 생각하지는 않는다. 쉽게 내린 결론은 아니지만, 팟캐스트를 시작한 이후 얻은 결론이다. 그 결론에 도달하는 데 주요했던 요인은 우리의 4회차 방송 녹음이었다. 수지 덴트가 자신의 생각에 대한 확신 부족을 이야기한 부분이다. (그 이야기는 4장에서 다루었다.)

그녀는 자신의 의견에 맞추려고 선택한 사례에 대해 이야기를 이어나갔다. 그녀는 언어에 관한 신문 칼럼을 쓰고 있었는데, 주제는 LGBTQ+커뮤니티의 회원들과 그 지지자들이 '여성women'이란 단어에 추가한 '엑스(x)'에 관한 것이었다. 이 엑스(x)는 트랜스 여성과 제3의 성 '논 바이너리non-binary'의 개인들을 포함하기 위한 것이었다. 사전 편찬자로서 수지는 'womxn'을 거의 발음할 수 없어서 이해하고 받아들이는 데 어려움을 겪었다. 하지만 만약 '엑스(x)'가 이 단어와 연결된 모든 것을 다시 생각하게 만든다면, 그것은 제 역할을 하고 있다고 제안하며 글을 마무리했다.

나중에 그녀에게 다른 사람의 견해와 생각을 고려하는 것은 나쁜 것이 아니라고 내 의견을 전했던 것으로 기억한다. 그것이 사람들이 열정을 보이는 것이든, 당신에 대해 생각하는 것이든, 사람들이 어떻게 생각하는지 신경 쓰는 것은 좋은 일이다. 그것은 당신이 열정적이고 다른 사람들과 연결되어 있다는 것을 보여준다. 그렇다고 그게 당신에 대한 다른 사람들의 의견에서 벗어나려고 노력하는 것이 항상 나쁜 일이라는 말은 아니다. 맞다, 내 얘기가 모순적으로 보일 수 있다는 것을 나는 진정 안다. 다른 사람들이 당신에 대해 어떻게 생각하는지 신경 쓰지 않으면 해방감을 느낄 수 있고 건강할 수도 있다. 하지만 균형을 잡아야 한다. 다른 사람들의 생각에 너무 신경을 쓰면 당신을 짓누르는 무게처럼 피곤할 수 있지만, 전혀 신경 쓰지 않으면 단절된 것처럼 느껴질 수 있기 때문이다.

여성 진행자인 한 초대 손님과 이야기를 나눌 때, 그녀는 남들, 적어도 의견이 중요하지 않은 다른 사람들이 어떻게 생각하는지 크게 개의치 않고 살려고 노력한다고 했다. 그녀는 자신이 다른 사람들의 의견에 눈곱만치도 신경 쓰지 않는다고 했다. 그래서 그녀의 방송에 대한 긍정적이고 부정적인 리뷰가 다른 사람들만큼 그녀에게 영향을 미치지 않는다. 만약 그녀가 출연하고 있는 TV 프로그램이 잘되면 그것은 좋은 일이고, 그녀는 행복하다. 만약 그렇지 않다면, 그녀는 자기 연민에 빠지지 않고, 다음번에 더 잘하도록 노력한다. 시청자들의 댓글, 특히 부정적인 의견들은 그녀에게 아무 영향도 끼치지 못한다. 그리고 그녀는 온라인 참여에 거의 신경을 쓰지 않는다. 왜냐하면, 그녀와 TV 방송에 종사하는 다른 많은 여성에게 참여는 항상 좋은 의견을 의미하지는 않기 때문이다. 전혀 과장해서 말하는 게 아니다.

사람들이 삶의 모든 영역에서 나에 대해 어떻게 생각하는지 신경 쓰지 않는 것은 매우 힘든 일이란 걸 안다. 특히 직장에서, 특히 연예계에서 당신이 인지하는 성공의 상당 부분이 호감도에 기반을 두고 있기 때문이다. 내가 무대에 섰을 때, 나는 사람들이 나를 좋아하기를 바라는데, 나와 똑같이 느끼지 않는 코미디언은 거의 없다고 생각한다. 오직 소수의 사람만이 까칠함으로 웃길 수 있다. 나는 기획자들에게서 내가 무대 위에서 호감형이고, 이것이 코미디언으로서 내 장점 중 하나라는 말을 들었다. 좋은 얘기지만, 그 말은 내가 이제는 관객들이 나를 좋아하는 것에 의지하고 있다는 것을 의미하며, 이는 상당한 부담을 준다. 하지만 코미디 내에서만 사람들이 나를 좋아하길 바라는 것은 아니다. 캐스팅 중에는 캐스팅 디렉터가 나를 좋아하길 바라고, 일을 위해 피칭할 때는 의뢰하는 편집자가 나를 좋아하길 바란다. 끝이 없다.

사랑받거나 평가받기 위해 자신을 드러내는 것은 때론 피할 수 없는 일이다. 그렇지만 사실 우리가 일뿐만 아니라 전반적인 삶에서 의견과 참여에 마음을 연다고 해서 항상 우리가 찾던 것을 얻는 것은 아니다. 남이 어떻게 생각하든 신경 쓰지 않는 이 초대 손님의 태도가 신선했다. 그로 인해 나도 팟캐스트를 하는 동안 실제로 발길을 조금 멈추고, 나의 접근 방식을 다시 생각해보았다.

나는 이 방송에서 인생 코칭을 하는 친구와 함께 일했었던 이야기를 전했다. 그녀는 내가 인생에서 하려던 모든 일을 명확하게 알 수 있게 도와주려고 했다. 주로 일적인 것들이긴 했지만 개인적인 일들도 있었다. 그녀가 내게 시킨 연습 중 하나는 나의 가장 친한 친구 3명에게 그들이 적합하다고 생각하는 방식으로 나를 설명해달라고 부탁하는 것이었다. 그래서 나는 내 결혼식의 신랑 들러리이자 도합 64년 동안 알고 지내온 3명의 남자 앤디, 캘럼과 롭에게 물어봤다. 그들은 나를 아주, 아주 잘 알고 있다. 나는 롭의 집에서 여러 번 아팠던 적이 있다. 나는 앤디가 술집에서 공격당한 후 그를 위로했다. 나는 캘럼과 함께 스코틀랜드의 하이랜드를 걷다가 길을 완전히 잃었다. 솔직히 말해서 그들 모두 멋진 말들로 화답했지만, 그들 모두가 사용한 한 단어는 '회복력'이었다. 내가 가면 증후군과 관련해서 앞서 말했듯이, 만약 어떤 사람들이 당신을 설명할 때 모두 같은 단어를 사용한다면, 당신은 그러한 자질을 갖추고 있을 것이다. 만약 당신이 그 사람들을 높이 평가하고 그들의 말이 사실이라고 믿는다면, 그것은 틀림없는 사실이다. 설사 스스로 믿지 못하더라도 말이다.

나는 이런 접근 방식에 꽤 자신이 있었다. 하지만 우리의 초대 손님은 다른 사람들로부터 인정받아야 한다는 것을 확신하지 못했다. 그로 인해 나는 그것이 왜 필요한지와 우리의 경험이 얼마나 다른지에 대해 생각해볼 수 있었다. 모든 인간 부류 중 가장 따분한 백인 이성애자 남성인 나를 경시하는 사람은 오직 나뿐이다. 하지만 백인 이성애자 남성이 아닌 사람들은 스스로 그렇게 생각하기도 전에 자동으로 백인 이성애자 남성이 그들을 경시한다. 그래서 여성 TV 진행자인 이 초대 손님이 이와는 다른 경험을 했고, 내가 그녀에게 이 연습에 대해 말했을 때, 그녀가 확신하지 못하는 것이 이해가 되었다. 그녀는 내가 왜 다른 사람들의 생각을 신경 써야 하는지 물었고, 내가 회복력이 있다고 생각하는지 자신에게 물어봐야 한다고 생각했다. 그녀는 나에게 중요한 것은 오직 내 의견뿐이라고 말했다.

내가 왜 사랑받고 싶은지, 사람들이 나를 어떻게 생각하는지에 대해 자기 탐구를 한 후에도 내 사회적 불안은 남아 있으며 영원히 그럴지도 모른다. 사회적 불안은 그냥 제거하는 것이 아니라 극복하고 노력해서 개선될 수 있는 것이다.

레이첼 패리스는 블랭크 팟캐스트에 초대 손님으로 출연해 사회적 불안이란 주제에 대해 얘기한 적이 있다. 그녀는 코미디언으로 일하면서 사회적 불안과 상당히 씨름하고 있다고 말했다.

그녀는 지금껏 많은 공연 경험에도 공연 전에는 불안하다고 고백했다. 그녀는 공연 전과 후가 매우 다른 사람이다. 그녀는 속으로 매우 불안하고 걱정하기 때문에 공연 전에는 별로 온화해 보이지 않을 수 있다고 염려한다. 이는 어떤 종류의 공연인지에 따라 결정되는 경우가 많다. 어떨 때는 청중이 친절할 것이고 대기실에는 다정한 얼굴들이 있다는 것을 안다. 하지만 다른 때는 또 매우 다를 수 있어서 레이첼은 공연장 사이로 생각할 수 있는 공간이 필요하다고 생각한다. 하지만 그녀가 앞서 말했듯이, 일단 무대에 오르면 그런 불안은 사라진다.

그녀는 모든 코미디언이 공연의 생명이자 영혼이라는 가정이 있지만, 현실은 그렇지 않다고 말했다. 그녀는 때때로 대기실에서 인지된 지위의 충돌이 있을 수 있다. 그런데 만약 가장 성공한 사람으로 간주되면 불안해하지 않을 거라는 가정이 있어서 거의 주인처럼 행동해야 한다고 말했다. 실제로는 긴장하는 사람이라, 그 긴장감이 절대로 사라지지 않는데도 말이다. 레이첼은 자신이 처음 코미디를 시작했을 때를 돌이켜보니, 주연 코미디언이 왜 긴장한 것처럼 보였는지 궁금해했던 것이 기억난다고 말했다. 하지만 그녀는 이제는 그 이유를 안다.

사실 이것은 듣기에 정말 안심이 되는 이야기였다. 사교 행사와 코미디에 대한 나의 많은 불안감을 확실히 대변해주었기 때문이다. 나는 최근에 본머스에서 꼭 유명한 건 아니지만 경험이 많은 코미디언 2명과 함께 공연했는데, (관객들이 냉정했던) 공연이 시작되기 전에 그 둘 다 모두 긴장했다. 그러면서 그 긴장감이 절대로 사라지지 않는다고 고백했다. 비록 그 까다로운 공연에서 나를 구원해주지는 못했지만, 그날 밤 그들의 고백은 위안이 되었다.

이어서 레이첼은 자신의 불안에 대해 알고 있으면 그 사실을 이용해 자신을 어떻게 도울 수 있는지 명확한 사례를 제공했다. 그녀는 몇 년 동안 스스로 자유로운 영혼이라고 생각하고 싶었다. 하지만 나이가 들면서 자신이 실제로 체계를 갈망하는 것을 깨달았다고 말했다. 그녀는 즉흥적으로 글을 쓰는 것이 어렵다고 생각한다. 그녀는 글쓰기에 하루를 바쳐야 한다. 공연도 마찬가지다. 그녀가 알고 있는 일부 코미디언들은 막판에 들어온 출연 요청도 기꺼이 수락하지만, 레이첼은 일정을 파악하기 위해서 몇 주 전에는 자신의 일정을 미리 정리해야 한다. 그녀는 결코 임박해서 공연하지 않는다. 기획자가 그녀에게 한 회 공연 길이를 바꾸라고 요청하는 것과 같이 공연의 어떤 세부 사항이 밤에 변경되거나 공연장의 관객 의자가 코미디에 좋지 않은 방식으로 배치되었다면(무대를 마주 보게 배치되어 있지 않을 때가 꽤 많다) 그녀에게는 힘든 일이 될 수 있다.

나는 그 TV 진행자와 레이첼과 함께 방송을 녹음한 이후에 조금 더 그 두 사람처럼 되어보자고 결심했다. 나는 다른 사람들이 나에 대해 어떻게 생각하는지 신경 쓰지 않으려고 노력하고 있다. 전반적으로 내 일과 나 모두에 대해서. 나는 그저 나 자신이 되려고 노력하고 있고, 사람들이 나를 좋아하는지 아닌지는 그들이 결정할 일이다. 내가 할 수 있는 것은 오직 내가 나를 좋아하는 것뿐이다. 나는 또한 온라인상의 댓글을 덜 읽고, 좋은 댓글에 내 시간과 에너지를 집중하기로 했다. 그리고 사회생활에서는 그냥 긴장을 풀고 좀 더 나 자신이 되려고 노력한다. 그녀는 혼자서 당당하게 우리 팟캐스트에 왔는데, 나도 그렇게 하고 싶다.

나는 또 모든 공연을 수락하지 않으려고 노력한다. 공연 제안을 많이 받지 않는 이상 그렇게 하는 것은 힘든 일일 수 있다. 레이첼이 자신은 제대로 준비할 수 있는 공연만 한다고 했을 때 그 부분이 정말로 마음에 들었다. 나 역시 공연뿐만 아니라 인생의 모든 면에서 정말로, 쫓기는 듯한 막판의 일들은 불안하게 느껴진다. 그래서 내가 무엇을 할 건지 준비하고 집중할 시간이 필요하다. 만약 그 접근 방식이 레이첼처럼 성공한 코미디언에게 효과가 있는 것이라면, 그건 나도 할 수 있는 것이다. 그것은 또한 자기 자신과 자신의 과정을 존중하는 방식이기도 하다. 내게 정상적으로 들어오지 않는 일에 나는 '예'라고 말하지 않는다. 그러면 나는 내 시간에 맞춰 일할 수 있고 그 결과로 나 자신을 최대한 활용할 수 있다. 물론, 이 책을 읽는 모든 사람에게 이러한 접근법이 통하지는 않겠지만, 만약 당신이 임박해서 들어온 일들에 '예'라고 말하는 사람이라면, 이 접근법에 마음껏 도전해보라!

결국, 가장 중요한 것은, 자신의 사회적 불안을 극복하는 방식으로 일을 처리하는 방법을 알면 더 행복하고 더 잘 기능하는 데 도움이 되리라는 것이다.

넛지팀

모든 것이 그렇듯이, 결론은 결국 의사소통에 달려 있다. 더 나은 의사소통은 우리의 불안을 줄이는 데 도움이 될 수 있다. 피오나 머든은 '넛지팀Nudge Unit'을 언급하며 의사소통이 절대적으로 중요한 이유를 설명했다. 넛지팀은 영국 정부가 행동과학을 공공정책에 적용하도록 돕는 조직이다. 공식적으로는 행동통찰팀Behavioural Insights Team으로 더 알려져 있다. 이 팀은 영국 내각에서 2010년 넛지 이론을 전문적으로 정책에 적용하기 위해 만든 팀이었다.

넛지는 2008년 경제학자 리처드 탈러Richard Thaler와 하버드 교수 캐스 선스타인Cass Sunstein의 책 《넛지 : 건강, 부 그리고 행복에 대한 결정 개선》을 통해 대중화되었다. 이것은 사람들이 스스로 올바른 경제적, 사회학적 결정을 내리도록 유도될 수 있다는 개념이다. 그리고 기본적으로 사람은 혼자서는 스스로 올바른 결정을 내릴 수 없다고 본다.

넛지팀이 결성된 이후 가장 큰 도전은 의심할 여지 없이 2020년의 코로나19 팬데믹이었다. 그들의 과제는 정부가 안전하게 이 위기를 극복하는 방법에 대해 국민에게 전달할 메시지를 만들도록 돕는 것이었다. 하지만 그들이 항상 올바르게 역할을 수행한 것은 아니었다. 그래서 위기 동안 보리스 존슨 총리와 그의 내각이 내놓은 혼재된 메시지에 대해 많은 비판이 있었다. 넛지팀에서 작업한 것 중 하나는 손 씻기에 대한 메시지였다. 즉, 20초 동안 손 씻기를 권장하면서, 확실히 20초 동안 손을 씻는 데 도움이 되는 것은 '생일 축하' 노래를 부르는 것이라고 했다.[3)]

넛지팀이 팬데믹 기간 동안 어떻게 했는지에 대한 나만의 생각이 있지만, 바로 그 존재 자체가 의사소통이 얼마나 중요한지를 증명하고 있다. 만약 우리가 어떻게 느끼고 있는지, 무엇을 원하고 무엇이 우리를 불편하게 하는지 사람들에게 말한다면, 우리가 더 나은 경험을 할 수 있다는 것은 확실하다. 간단히 표현하는 것만으로도 도움이 될 것이다. 예를 들어, 우리는 공연 전에 불안을 느끼는 데 대해 이야기했다. 우리가 함께 일하는 사람들에게 그 불안감에 대해 의사소통하면 그들이 우리를 위해 일하는 환경을 더 편안하게 만들어줄 수도 있다. 우리가 혼자 공백의 순간들을 지나는 대신에, 함께 공유한다면, 우리는 그 순간들을 멋진 순간으로 바꿀 수 있다.

1) https://www.instituteforgovernment.org.uk/explainers/nudge-unit.

7장

창의성

나는 '창의성'에 대해 전혀 생각하지 않는 날도 있지만, 그런 날은 매우 드물다. 종종 회의를 해봐야 알 것 같지만, 분명 살면서 경제적으로 필요한 때도 있을 것이다. 하지만 창의성이 그런 이유로 발휘되는 일은 거의 없는 것 같다. 그건 그냥 활동에 관한 것이라 생각한다. 1년 전쯤에 배우 친구 한 명과 이런 이야기를 나누었을 때 그는 그건 사람들이 원하는가 하는 수요에 관한 것이라고 말했다. 그는 사람들이 항상 계속 거절당하는 게 일인 배우는 너무 힘들다고 얘기한다고 말했다. 하지만, 그는 그건 힘든 부분이 아니라고 생각한다고 말했다. 힘든 부분은 거절이 아니라, 무시당하는 것이다. 실제로 당신은 시간의 80~85%는 그냥 무시당한다.

_ **대니얼 투이트**Daniel Tuite

자일스

학계는 내 관심 분야가 아니고 학교가 힘든 곳이라는 것을 나는 어렸을 때부터 알았다. 아무것도 내 분야가 아닌 것 같았다. 나는 과학, 역사, 영어, 특히 수학은 형편없었다[나는 GCSE(영국의 중등교육자격시험 - 옮긴이)에 두 번이나 떨어졌다!]. 그리고 내가 사랑했던 체육은 평균 수준에 불과했다.

이건 나 자신을 폄훼하는 게 아니다. 단지 내가 일찌감치 받아들인 현실이었을 뿐이다. 나는 다르게 구조화되어 있다. 내 신경계통은 분명히 대수학을 처리하거나, 셰익스피어의 맥베스의 내적 갈등을 이해하거나, 공을 차는 데 도움이 되는 어떤 것에도 연결되지 않았다.

그래서 중등학교를 졸업했을 때, 나는 영문학의 GCSE를 한 번 쳐봤는데, 압도적인 실패감과 쓸모없다는 감정만 느꼈다. 나는 이런 생

각이 들었다. '나 같은 사람은 이제 어떡하지?'

비록 내가 다르게 만들어졌다는 것을 충분히 자각하고 있었지만, 나는 여전히 내가 누구인지, 나의 목적이 무엇인지, 또는 시험에 재응시하기 위해서 되돌아가는 것 외에 내가 어디로 가고 있는지 알지 못했다.

그러나 나는 내가 학교에 접근했던 많은 방법을 특별히 심각하게 받아들이지 못했다. 아니나 다를까, 나에게 기대되는 바를 따르려 했던 나의 맥없는 성전(聖戰)은 실패로 끝났다. 나는 재시험에서 멋지게 떨어졌고 수업에 더 이상 출석하지 않았다. 그러곤 혼란과 자기혐오에 빠르게 빠져들며 동네 술집이 훨씬 더 나은 안식처라는 것을 알게 되었다.

그러고 나서 나는 대학을 그만두라는 요청을 받았다. 왜냐하면 내가 출석할 가능성이 희박했기 때문이었다. 나는 집에 있는 누구에게도 그 사실을 말하지 않았다. 우리 아버지는 결코 동정적이거나 격려하는 타입이 아니거니와 나의 곤경을 이해하지 못했을 것이다. 그래서 나는 평일마다 계속 기차를 타고 대학으로 갔고, 거기서 시간을 보내며 여전히 학생인 것처럼 보이려고 했다. 완전히 치욕스러운 내 상황을 이런 가식으로 숨겼다. 심지어 나는 대학에 새벽 청소부로 취직했는데, 그래서 다음에 뭘 할지 찾아낼 시간을 조금 벌 수 있었다. 나는 절망의 바다 위에 떠도는 방향타 잃은 배처럼 제대로 진짜 길을 잃었다.

삶이 나를 아주 세차게 발로 걷어차 버린 것처럼 나는 내가 쓸모

없게 느껴졌다. 내가 바닥에 쓰러져 숨을 쉬지 못해 고통으로 온몸을 비틀거리는 동안에도 삶은 나를 계속 발로 차고 또 찼다. 결국, 아버지는 내가 대학을 그만둬야 했다는 사실을 알고는 당연히 실망하셨지만, 내 삶은 재미있게도 이따금 변화구를 던져 예상치 못한 곳으로 나를 이끌었다.

내 삶의 어떤 의미를 찾으려는 과정에서, 매일 아침 강의실 카펫을 진공청소기로 청소하고 강당의 나무 바닥에 광을 내면서 나는 처음으로 나 자신에게 귀를 기울이기 시작했다. 수년 동안 나는 공부하고, 배우고, 시험을 보고 나서 세상에서 내 길을 찾아가는 등 나에게 요구되는 것들에 맞춰 가며 다른 모든 사람의 말을 경청해왔다. 하지만 그 길은 분명히 내 길이 아니었다. 나는 전통적인 학습이 어렵고 시험은 더 어렵다는 것을 알았다. 난 그냥 그렇게 생겨먹지 않았다!

바닥에 광을 내며 홀로 보내는 이른 아침 시간 동안 내 미래에 대해 더 깊이 생각하기 시작하면서 내가 뭔가를 만들고 싶어 한다는 것을 깨달았다. 이 유레카 순간을 일으켰던 특별한 것이 있었는지는 모르겠다. 하지만 음악, 영화, 미술과 책에 몰두하고픈 커다란 욕구가 나를 사로잡았다고는 말할 수는 있다. 나는 특히 음악에 굶주렸다! 나는 아침 청소를 하며 마음이 완전히 평온해졌고, 일상적인 일을 하면서 내 뇌는 숨을 쉴 수 있었다. 숨을 쉴 때마다 내게 목적의식과 뭔가 의미 있는 일을 할 수 있다는, 시험과 자격증 없이도 인생에서 발전할 수 있다는, 즉 다른 길이 있다는 강렬한 믿음이 생겨났다.

진심으로, 나는 내 안의 창의성을 발견함으로써 정말로 내 목숨을 구했다고 말할 수 있다.

이 계시를 받기 몇 달 전에, 나는 시포드 헤드 꼭대기에 앉아 있었다. 나는 한동안 폭음을 했는데, 그것이 나를 매우 어두운 곳으로 이끌었다. 그러니까 그날, 술과 내 목적의식의 부재가 내 존재를 의심하게 했다. 몇 시간 전에 잭 대니얼스 반병을 마신 후 거기에 앉아 있으면서 나는 진심으로 모든 것을 끝낼까 생각했다.

나는 아직도 무엇이 나를 막아 세웠던 것인지 잘 모른다. 주로 두려움이었을 것 같고, 아마 시간이 흐르며 맨정신으로 돌아온 것도 한몫했을 것이다. 또한, 내가 이 세상에 없다면 뭔가 놓칠 수도 있다는 느낌이 자꾸 들었다. 삶에 뭔가 더 있다는 느낌도 들었다. 이 뭔가 더 있다는 느낌이 오늘도 나를 계속 앞으로 나아가게 하는 원동력이다.

내가 내린 결정과 뭔가 더 있다는 어렴풋한 의식이 나를 붙잡아준 것에 대해 감사하며 많은 생각을 한다. 그날 이후로 계속 든 한 가지 생각은 뭔가, 의미 있고 자랑스러운, 그러니까 나보다 더 오래 살 뭔가를 해야 한다는 것이었다.

이것은 나에게 '피터-파커가-방사성-거미에-물린' 순간이자 '브루스-배너가-감마선에-노출된' 사건이며, 내 창의성의 기원 이야기다.

나는 이 매우 어두운 이야기를 어떤 식으로든 하찮게 여기는 것처럼 보이고 싶지 않다. 아마도 내가 경험했던 가장 힘든 시간이었기 때문일 것이다. 우리는 가장 취약한 상태에 있을 때 우리가 이룰 수 있는 것을 진정으로 느끼기 시작한다. 그것은 초강력 힘처럼 나타날 수 있으며, 명료한 단 한순간이 당신을 갑자기 변하게 하고 당신의 삶에 다시 의미를 부여할 수 있다.

나는 블랭크 팟캐스트에서 산지브 바스카와 어려운 시기에 결정을 내리는 것에 관해 이야기했다. 그 대화에서 나는 많은 것을 배웠다. 특히 그는 과거에 우리에게 일어났던 일보다는 미래에 대해 우리가 한 결정으로 우리가 정의된다고 말했다. 장애물을 뛰어넘기 위해 다음에 해야 할 일은 자신의 능력 안에 있고 자신에게 달려 있다. 문제는, 그 결정을 할 때 본능을 따르느냐 아니면 두려움을 따르느냐 하는 것이다.

본능과 두려움은 삶의 다양한 상황에서 우리의 길잡이 역할을 한다. 둘 다 같은 어휘, 같은 억양, 같은 운명으로 말하기 때문에 그 둘을 구별하기가 어려울 수 있다. 하지만 사랑으로부터 나오는 말을 들을 수 있다면, 그게 본능이고, 가장 숭고한 당신이다.

우리가 창조적인 삶의 갈림길에 서 있다는 생각은 루이 서룩스와 이야기할 때 떠올랐다. 그는 최근 짧은 기간에 꽤 많은 프로젝트를 해왔는데, 경력상 분기점에 있었기 때문에 상황을 살펴봐야 했다고 발했다. 그는 책을 쓰는 것같이 새로운 일을 시도하는 것이 도움이 되었다고 말했다. 하지만 기본적으로 그에게 공백 상태는 항상 존재하는 위협이며, 그를 긴장시키는 적수라고 했다.

많은 다양한 일들을 시도하며 우리의 삶, 특히 창조적인 삶을 살펴보는 건 개인으로서 발전하는 기회다. 이건 자신이 걸어온 길을 돌아보고 앞으로 일어날 수 있는 일을 기대할 수 있게 한다. 그러므로 우리가 모두 정기적으로 살피려고 노력해야 할 일이다.

이를 염두에 두고, 어떤 접근 방식이 내 삶과 일에 도움이 될 수 있는지 고려해보았다. 그리고 다른 사람들에게 도움이 될 수 있는 몇 가지 출발점을 생각해보았다.

- 그동안 성공했거나 성취처럼 느껴졌던 일들을 되돌아보고, 앞으로 나아갈 다른 상황에서 따라 할 수 있는 요소가 있는지 살펴보라.
- 그 과정에서 습득한 다양한 경험과 기술을 평가하고, 향후 프로젝트에서 이것들이 어떻게 활용될 수 있을지 고려하라.
- 당신이 성취하고 싶은 것이 무엇이고 미래에 어디에 있고 싶은지 스스로에게 물어보라. 초점, 목표를 찾아라. 그것은 클 수도 작을 수도 있지만, 그것이 무엇인지 알아내는 것은 당신의 여정에 목적을 부여해줄 것이다.

내가 좋아하는 또 다른 아이디어는 이지 서티가 창의력을 발휘할 때 한 가지 일 이상을 해야 한다고 이야기했을 때 샘솟았다. 그녀는 운전할 때 어떤 면에서는 창의적이라고 말했다. 경로 설정이나 주차 시도 같이 항상 결정을 내려야 할 때면 때때로 극도로 창의적이어야 한다는 것이다!

이지의 또 다른 취미는 뜨개질이다. 그녀는 45분 동안 글을 쓰고 나서 15분 동안 뜨개질을 하는 과정을 고안해냈다. 뜨개질할 때, 그녀의 뇌는 무의식적으로 모든 것에 대해 생각한다. 그 때문에 그녀가 다시 글쓰기로 돌아갔을 때, 종종 그녀가 의식조차 못 했던 정신적인 도약을 하게 된다. 그녀는 또 팩맨Pack-Man 비디오 게임을 하면서도 이렇게 한다. 일상적이고 반복적인 운동을 하려고 휴식을 취하는 것은 텅 빈 화면이나 텅 빈 종이 앞에 앉아 있는 것보다 훨씬 더 유익할 수 있다.

이것은 나의 창작 생활에서 내가 실험을 시작한 것과 연관이 있다. 사실 이 책을 쓸 때, 나는 정원에서 뛰거나 커피 한 잔을 타거나, 10분 동안 휴대전화 게임을 하는 등 규칙적으로 짧은 휴식을 취했다. 그런데 그 순간에 얼마나 많은 아이디어가 샘솟았는지 놀라울 따름이었다.

존 론슨과 함께한 첫 팟캐스트로 돌아가보자. 그때 그는 공백의 순간을 저지하는 한 가지 방법은 한 번에 하나 이상의 프로젝트를 수행하는 것이라고 언급했다. 이 접근법이 그에게 정말 효과가 있고, 실제로 그의 창조적 삶을 더 수월하고 더 생산적으로 만든다는 것을 알게 되었다. 하지만 끊임없이 활동하면서 하나 이상의 창조적 일을 추구하는 것이 항상 긍정적인 영향을 미치는 것은 아니다. 어떤 사람들에게는 완전히 정반대로 작용할 수 있다.

이는 확실히 작곡가 피터 워록Peter Warlock에게 해당하는 말이다. 그가 다른 창조적 노력을 하리라 결정했을 때 그의 삶은 절망적으로 바뀌었다.

작곡가를 죽인 음악 평론가

1930년 12월 17일, 피터 워록은 스스로 목숨을 끊은 후 첼시에 있는 자신의 아파트에서 발견되었다. 사인은 치명적인 가스 중독이었다. 사망하기까지 몇 년 동안, 그 작곡가는 새로운 작품 활동을 하지 않았고, 이로 인해 우울증의 소용돌이에 빠졌다.

워록은 필명으로 그의 본명은 피터 헤젤틴Peter Heseltine이다. 그는 1894년 꽤 부유하고 인맥이 좋은 부모인 아널드와 베시 사이에서 태어났다. 어린 시절을 첼시에서 보냈으며 그곳에서 처음 피아노를 배우기 시작했다. 피터는 매우 총명해서 학계 진출이 예상되었지만, 이튼에 있는 동안 괴롭힘을 당하면서 음악에 빠져들게 되었다. 음악은 그에게 큰 위로가 되었고, 심지어 집착까지 하게 되었다. 특히, 그는 작곡가 프레데릭 딜리어스Frederick Delius의 작품을 연구했다.

이튼에서의 삶에 진저리가 난 워록은 1년 동안 교육을 중단하리라 결정한다. 그러곤 독일 쾰른으로 건너가 음악원에서 피아노를 공부했다. 이곳에서 처음으로 자신의 곡을 쓰고 저널리즘에 발을 들여놓기 시작했다. 1년 후, 런던으로 돌아온 그는 열정에 불타는 자신의 마음을 따르고 싶어 음악계에서 경력을 쌓으리라 결심한다. 하지만 그의 어머니 생각은 달랐고, 결국 워록은 옥스퍼드 대학에서 고전을 공부했다.

이러한 학계로의 후퇴는 오래가지 못했다. 워록은 1915년 레이디 에메랄드 큐너드라는 부유한 후원자의 도움으로, 〈데일리 메일Daily Mail〉 신문에서 음악 평론가로 일하게 된다.

이 새로운 경력을 통해 워록은 자신의 집착을 추구하며 그에 대한 대가를 받을 수 있었다. 그는 짧은 기간 동안 신문에 30여 편의 기사를 썼다. 하지만 자신의 글이 잘려나가는 것을 보기 시작하면서 좌절감이 들어 사임했다.

그 후 몇 년간 피터 워록은 아일랜드와 웨일스에서 시간을 보냈다. 수입이 적어 생활이 어려웠지만, 웨일스에 있는 동안 그는 작곡과 작사를 하며 믿을 수 없을 정도로 생산적인 시간을 보냈다. 그 기간 그는 자신의 영웅, 딜리어스의 전기뿐만 아니라 그의 가장 유명한 음악 작품들 중의 일부를 창조했다.

항상 불안해하던 워록은 웨일스에서 시간을 보낸 이후 몇 년 동안 심각한 우울증에 빠졌다. 1920년대 후반까지 그는 편집자로 일했다. 그러곤 1930년에 '여우The Fox'라는 작품을 썼을 때 잠깐 부흥이 일었다. 하지만 그의 창의성은 거의 고갈되었다.

런던으로 돌아와 지하 방에서 살던 워록의 자존감은 바닥을 쳤다. 그리고 1930년 12월 16일 밤, 고양이를 방 밖에 둔 채 그의 목숨을 앗아갈 가스를 틀었다.

창의성을 잃은 창작자의 마음은 암흑이다. 피터 워록에게 그것은 그가 계속해서 대항할 수 없는 것이었다. 그는 자신이 걸어온 창조석 길을 잘 찾아갈 수 없었던 것 같다. 그의 평론 일은 그의 예비 계획이었다. 이는 창작 작업이 고갈되었을 때 그의 안전망이 되었다. 하지만 다른 사람들에 대한 글쓰기에 몰두하는 일은 그의 창의성을 억누르는 결과로 이어졌다고 할 수 있다. 또한, 그의 삶에서 창작 영역이 곤두박질치고 있다는 것을 끊임없이 상기시켰을 수도 있을 것이다. 많은 사람에게 텅 빈 캔버스는 새로운 작업을 할 수 있는 기회다. 하지만 다른 사람들에게는 낙심하게 만들거나 때로는 파괴적인 것일 수도 있다.

그럼에도 불구하고 워록의 유산은 계속 남아 있고, 그의 작품은 많은 현대 작곡가들에게 큰 영향을 끼쳤다. 스코틀랜드의 작가이자 작곡가인 세실 그레이는 워록에 대해 이렇게 말했다.

"그의 친구들의 기억 속에 그는 그가 이 세상에 있었을 때처럼 똑같이 지금도 살아 있다. 그래서 그는 우리 중 마지막 한 명이 죽을 때까지 계속 살아 있을 것이다."

때론 창의적이어야 한다고 우리 자신에게 가하는 압박과 자기비판은 견디기 어려울 수 있다. 작곡가이자 프로듀서인 폴 파일럿은 실제로 더 전체적인 접근이 더 나은 결과를 낼 수 있을 때도, 우리가 창작 프로젝트를 완벽하게 만드는 데 가끔 너무 지나치게 초점을 맞추는 방식을 이야기했다. 창의성에 대한 자신의 태도를 요약해 설명한

것이다.

폴은 창의성이 스포츠와 약간 비슷하다고 아름답게 묘사했다. 스포츠에서는 고정된 네트 안에 공을 넣는 것이 전부지만, 예술에서는 공이 들어갈 수 있게 네트를 움직일 수 있다. 어떤 사람들은 여전히 스포츠 정신으로 창의성에 접근하려고 하지만 폴은 네트를 이리저리 움직이는 것을 믿는다. 네트를 움직인 후에도 여전히 '공'이 아름답게 들어간 것으로 인식된다. 그것은 그저 더 현명한 방법일 뿐이다.

나는 흔히 우리가 무언가를 이루려고 노력할 때 우리 자신을 신뢰하기보다 그것을 더 잘 조절하고 통제한다는 이 생각이 너무 좋다. 많은 초대 손님들이 그들의 일에서 폴과 비슷한 접근 방식을 취한다는 것을 듣고 정말 많이 놀랐다. 우리가 살면서 어떤 일을 하든 우리가 모두 받아들일 수 있는 접근 방식이다. 나는 내가 그럴 거라는 걸 알고 있다.

짐

내가 기억하는 한, 나는 항상 창의적인 사람이었다. 초등학교 때 내 햄스터 해미에 대한 시를 써서 시 경연대회에서 입상했다. 그 시는 햄스터 이름보다 더 창의적이었다. 나는 내가 그걸 기억해낼 수 있었으면 좋겠다. 나는 또한 점토로 모형을 만들곤 했다. 동물, 공룡, 어떤 이유에선지 음식 접시 같은 잡다한 것들과 손가락으로 V자를 만들어

평화를 표시하는 손을 만들었다. 그건 선생님이 1파운드를 주고 나에게서 사 갔는데, 공식적으로 판매한 내 최초의 예술 작품이었다.

내 남동생과 나는 부모님의 캠코더를 빌려서 우리만의 축구 프로그램을 녹화하곤 했는데, 채널4의 이탈리아 축구 방송의 하이라이트와 골 사이의 관련성을 제시하는 우리 모습을 이어가며 녹화했다. 우리는 말 그대로 TV에다 캠코더를 갖다 대고 녹화했다. 나는 대본 쓰기와 프로듀싱을 맡았고, 내 동생 세바스천은 연기를 했는데, 솔직하게 말하자면 상당히 프리마돈나 같았다.

중학교 때는 내 친구 로빈과 샘과 함께 3인조 코미디 극단을 결성해 '원더월Wonderwall', '쓰리 라이온즈Three Lions'라는 패러디를 썼다. 우리는 로빈의 엄마가 녹음을 도와준 세 곡짜리 EP를 카세트에다 편집했다. 생각해보니 그 표지 디자인도 그녀가 해줬던 것 같다. '원더월' 곡은 밀월Millwall FC에 대한 조롱이었는데, 지금도 마찬가지지만, 그때 내가 그들의 라이벌인 크리스털 팰리스 FC를 지지했으니 그리 놀랄 일도 아니었다. 그리고 '스리 라이온즈'는 단지 최악의 축구선수의 목록이자 그들이 왜 그렇게 최악이었는지에 대한 곡이었다. 나는 학교에서 내 가장 친한 친구인 캘럼에게 그것을 틀어줬던 것을 기억한다. 그리고 그 노래가 알리 매코이스트Ally McCoist를 맹비난하는 가사에 다다를 때까지 그가 자랑스러운 스코틀랜드 사람이라는 것을 잊었던 것을 기억한다. 나는 그날 집에 가는 버스에서 그의 옆자리에 앉지 못했다.

또한, 나는 지루하기도 한 데다 축구와 글쓰기를 좋아해서 학교에

다니며 나만의 축구 잡지 글을 썼다. 미디어 연구 수업에 들어갔을 때 우리 반의 다른 학생들이 수업에 대한 전단지를 만들고 있었다. 그래서 나는 30페이지짜리 크리스털 팰리스의 팬진을 만들기로 했다. 초점은 1969년 클럽이 승격해 1부 리그에서 활동했던 내용에 맞춰져 있었다. 내 계획은 100부를 인쇄해서 팰리스 경기에서 실제 팬진처럼 판매하는 것이었다. 미즈 러플 선생님은 내가 지나치게 야심만만하다고 생각하는 것 같았지만 그래도 엄청 응원해주었다. 난 팀 선수들과 인터뷰를 마치며 어떻게든 일을 해냈다. 나를 도와주신 아빠와 함께 경기장에서 팬진을 팔고 나서 나는 큰 자부심과 성취감을 느꼈다.

그 느낌은 내 직업 생활로 이어졌고 19년 후인 오늘 내가 하는 모든 일을 좌우한다. 뭔가를 만드는 일은 나에게 항상 이 느낌을 선사했다. 잘 설명할 수는 없지만 완전한 느낌이 든다고 말할 수 있을 것 같다. 그것은 내게 가치 있고 살아 있음을 느끼게 한다. 세상이 내 어깨를 짓누르는 것 같은 기분 나쁜 하루를 보내고 있고, 나무를 보는데 너무 사로잡혀 숲을 볼 수 없을 때, 무언가를 만들면 나는 다시 평화로움을 느낀다. 일부 치료사와 상담가들은 고객이 우울증과 불안, 또는 그들을 나아가지 못하게 방해하는 다른 것들과 싸우도록 돕기 위해 하루에 한 가지에 집중하라고 독려한다. 자기 돌봄은 대단히 중요하며, 샤워하든 일기를 쓰든 자기 자신에게 집중하면 올바른 길로 갈 수 있다. 나에게 도움이 되는 것은 무언가를 만드는 것이다. 내가 자주 부닥치는 문제는 내가 채택하는 모든 것이 거창하다는 것이다.

하지만 그럴 필요는 없다. 사실 우리는 하고 싶은 것과 해야 하는 것에 대해 솔직하지 못한 경우가 많다고 생각한다. 심리학자 피오나 머든에 따르면, 우리 자신에게 정직하지 못한 것은 모든 사람, 심지어 심리학자조차 고심하는 문제다.

그녀는 듣기보다 조언이 훨씬 쉬운데, 이는 그녀처럼 경청하고 올바른 조언하기 훈련을 받은 사람에게도 마찬가지라고 설명한다. 그녀는 직장이나 가정생활이 조금 진정된 상태에서도 바쁘고 생산적으로 느끼고 싶어 하는데, 이것이 늘 그녀가 자신에게 일거리를 안기는 이유다. 그녀는 사람들에게 조언하는 법에 대한 훈련을 받았기 때문에 죄책감을 느끼곤 했지만, 자신을 들여다보면 고군분투하고 있는 누군가를 보곤 한다고 말한다.

그녀는 모든 것이 관점, 그리고 여과 장치에 달려 있다고 덧붙인다. 다른 사람의 문제에 집중하면 마음은 자신에 대한 부정적인 생각으로 흐려지지 않는다. 마음은 명확해지고, 다른 사람을 돕는 데 집중하기 위해 모든 부정성을 걸러낸다. 그러나 자신에게 집중하면, 자꾸 걱정하는 생각이 다시 돌아와 마음을 진흙탕으로 만든다. 자신의 문제를 말로 표현하고 큰 소리로 말하는 것도, 여과 장치의 역할을 한다. 피오나는 그래서 말로 표현하는 것이 도움이 될 수 있는 것이라고 말한다. 왜냐하면, 첫째, 당신이 말하고 있는 것에 집중하고, 둘째, 다른 사람에게 그것을 이야기하면, 그들은 신선하고 집중적이며 복잡하지 않은 접근 방식으로 그 문제에 접근할 수 있기 때문이다.

매년 초에 아내와 내가 앞으로 12개월 동안 이루고 싶은 것들을 서로에게 말할 때 우리는 더 사실적으로 보이도록 큰 소리로 말하려고 한다. 이런 것들을 다른 사람에게 큰 소리로 말하는 데는 어떻게든 더 현실적으로 만들고 스스로 책임을 지도록 해 그 말들을 충족시킬 가능성을 더 높이는 어떤 것이 있다. 우리 부부는 달성하고 싶었던 경력 이정표, 이루고 싶었던 가족계획, 목표한 인생 계획 등에 대해 서로에게 말했었는데, 지금까지 달성하지 못한 것은 하나도 없다.

의미를 찾는 인간

20대 초반에 나는 열정적이면서도 한편으로는 꽤 허세가 있었다. 나는 다른 사람들이 들어본 적이 없는 밴드만 좋아했고, 그들이 유명해지면 다시는 그들의 음악을 듣지 않곤 했다. 또한, 나는 정말로 똑똑해 보이기 위해 책을 읽었다. 한때 어쩔 수 없이 토머스 하디의《캐스터브리지의 시장The Mayor of Casterbridge》을 읽어야 했었는데, 무려 8개월이나 걸렸다.

어쨌든 내가 잘난 체하려고 읽었던 책 중 하나는 실제로 내게 깊은 영향을 끼쳤다. 바로 빅터 프랭클Viktor Frankl의《죽음의 수용소에서》였다.

이 책은 두 부분으로 되어 있다. 1부는 제2차 세계대전 중 네 곳의 나치 강제 수용소(테레지엔슈타트, 아우슈비츠, 카우퍼링, 튀르크하임)에서 프랭클이 보냈던 시간을 일기처럼 재구성한 것이다. 여기에는 수감자들이 음식 조각을 얻기 위해 싸우는 모습이 생생하게 묘사되어 있다. 그는 그가 목격하고 경험한 공포 중 어느 것도 얼버무리고 넘어가지 않는다. 프랭클은 포로로 잡혀간 수백만 유대인들의 삶이 어땠는지를 그가 할 수 있는 최대한 사실대로 묘사하고 있다. 정말 강력하고 처참한 부분이다.

2부는 그가 만든 심리치료법을 사용해 1부에서 묘사한 내용을 설명하기 시작한다. 그 방법은 사람들이 자신의 삶에서 목적을 찾고, 그러니까 비유적이면서도 문자 그대로 '의미를 찾은' 다음 가능한 한 많은 상상력으로 그 목적의 결과를 시각화하게 하는 것이다.

책은 '수용소에서의 일상생활은 보통 수감자의 마음에 어떻게 반영되었는가?'라는 질문에 답하려고 한다. 프랭클에 따르면, 수감자가 미래를 상상하는 방식이 그들의 수명에 영향을 미친다. 그는 그것을 뒷받침하는 사실과 수치를 가지고 있다.

나의 몽매한 뇌는 프랭클의 방법을 시각화의 한 형태로 해석한다. 시각화는 오늘날 많은 사람, 특히 스포츠 종사자들이 그들의 목적과 목표를 달성하는 한 방법으로서 그것들을 실현하는 데 도움이 되도록 사용하는 것이다. 물론, 트로피와 선수권대회는 잔존하는 강제 수용소와 비교하면 빛이 바래지만.

프랭클은 자신이 본 공포에 대해 체계적이고 과학적인 접근을 했다. 그의 의미치료Logotherapy 이론은 자주 니체 철학의 교리와 프로이트 학설의 원칙과 함께 거론되거나 비교된다. 그 책을 읽자마자 나는 온종일 내가 프랭클파라는 걸 알았다. 프로이트와 니체를 찾지 않을 수 있었다.

의미치료는 삶의 의미를 찾으려는 노력이 인간에게 가장 중요한 동기부여라는 믿음에 기반을 두고 있다. 그것은 강력한 결론이다. 하지만 거기서 더 나아가 이 책은 내 인생에서 읽은 그 어떤 책보다 그야말로 완전히 이해가 되었다. 단지 피상적인 차원에서 이해되는 것이 아니라, 내가 실제로 느낄 수 있는 깊고 내적인 방식으로 이해된다. 나는 목적이 있을 때 기분이 더 좋아진다. 내가 설명할 수 없는 것은 앞서 언급했던 그 느낌이다. 나는 단지 그런 일이 일어날 때 내가 더 행복하고 더 평화로우며 완전한 인간 같다고 느낀다는 것을 알 뿐이다.

프랭클은 자신의 이론이 어떻게 그가 인간이 서로에게 강제한 최악의 잔혹 행위에서 확실히 살아남을 수 있도록 도왔는지 정확하고 자세하게 설명했다. 그 때문에 그의 이론이 나에게 더 뜻깊고 의미가 있었다. 그것과 비교하면, 50세의 축구선수들이 경기장 주변에서 공차기하는 것을 이야기하는 30페이지짜리 팬진을 시각화한 것은 분명 무의미해 보인다. 하지만 목적은 상대적이라는 것을 깨닫는 것이 중요하다. 어떤 한 사람의 목적은 다른 사람에게는 어리석게 보일 수도 있다. 하지만 그것은 그 사람의 것이고 그 사람만의 것이다. 그리고 그 목적이 그에게 얼마나 중요하냐가 중요한 것이다.

우리는 팟캐스트에서 우리를 움직이는 것들에 대해 꽤 많이 이야기한다. 그리고 우리가 데이비드 배디얼과 얘기했을 때, 창의성을 발휘하기 위해 목적을 사용한다는 개념이 떠올랐다. 첼시의 열렬한 팬인

그는 닉 혼비Nick Hornby의 책《피버 피치Fever Pitch》에 언급된 전 아스널 FC 선수 거스 시저에 대해 말했다.

그 책에서 혼비는 시저의 경력을 이야기한다. 그는 1980년대 초반 아스널의 유소년팀에서 올라온 수비수로, 1984년 프로가 되어 80년대 중반에 어렵게 1군에 들어갔다. 아스널이 영국에서 가장 유명하고 가장 큰 클럽 중 하나란 것을 고려하면, 대단한 업적이다. 하지만 시저의 문제는 직설적으로 말해서, 그의 실력이 아스널을 감당하기에 충분하지 않았다는 것이었다.

그는 기량을 갖추기 위해 고군분투했고, 팬들은 그를 비난하기 시작했으며, 심지어 상대편 선수들까지 경기 중에 그를 비웃었다. 시저는 1991년 아스널을 떠난 후 1부 리그에서 보이지 않았다. 혼비는 시저에 대해 이렇게 설명한다. 시저는 분명 아이 때는 굉장히 뛰어났을 것이고, 학교와 청소년 팀에서는 최고의 선수였을 것이다. 그 때문에 의심할 여지 없이 자신이 축구선수가 될 운명이라고 확고하게 느꼈을 것이다. '당신은 삶에서 그런 운명 같은 느낌을 믿는다. 그리고 그것이 주는 강인한 힘과 결단력이 헤로인처럼 당신의 혈관을 타고 흐르는 것을 느낀다…. 하지만 그건 아무 의미도 없다'라고 혼비는 책에서 통렬하게 지적하고 있다.

배디얼은 나와 자일스가 그가 코미디언이 된 것이 그의 운명이라고 생각할지 모르겠지만, 그는 그가 코미디언이 된 것이 좀 더 운과 불확실성의 문제, 그리고 어느 정도는 운명과 타이밍의 문제라 생각한다고 덧붙였다.

그 이야기를 들으니 내가 코미디계의 거스 시저는 아닌지 걱정되었다. 오픈 마이크(아마추어든 프로든 누구나 제약 없이 신청해 오를 수 있는 무대-옮긴이) 수준에서는 훌륭하지만, 최고 수준에는 결코 미치지 못할 운명일지도 모른다는 생각. 그렇다 하더라도, 나는 아마 시저의 선수 경력의 궤도를 따라갔을 것이다. 그는 아스널을 떠난 후 14년 동안 더 프로 축구를 했다. 그러나 어느 정도 데이비드 말이 맞았다. 시저의 운명은 결코 축구선수가 아니었고, 그도 그것을 알고 있었다. 이후에 그는 축구선수가 되고 싶었던 적이 정말 한 번도 없었으며, 실제로는 사업을 하고 싶었다고[4] 말한 것으로 알려졌다. 그리고 그는 현재 그가 말한 그 일을 하고 있다. 그의 집은 축구 기념품으로 가득 찬 적이 없었다. 축구는 단지 그가 잘하는 것이었을 뿐이었다. 그러니까 그냥 괜찮은 정도. 나와 저널리즘처럼.

나도 마찬가지인가? 글쎄다. 나는 코미디계의 웸블리 스타디움(코미디 스토어?)이나 저널리즘계의 웸블리 스타디움(파이낸셜 타임스?) 같은 곳에서 내 경력을 한마디로 정의할 만한 실수를 한 적은 결코 없지만 내가 무엇을 하고 싶은지는 안다. 그리고 아무도 누군가 내 경력에 대해 내리는 정의로 나를 멈춰 세우지는 못할 것이다. 나는 사실 지금부터 거스 시저를 내 영감으로 삼으려고 한다. 왜냐하면, 난 그의 경력이 실제로 모든 사람이 생각하는 비극이 아니라,

---

4) https://www.hamhigh.co.uk/sport/football/arsenal/gus-caesar-i-still-havenightmares-about-wembley-final-disaster-1-627788.

성공스토리라고 생각하기 때문이다.

자신의 미래를 알고, 그것을 보고, 실현한다는 이 아이디어는 시각화다. 이것은 많은 스포츠계 사람들이 큰 경기를 앞두고 압박감을 피하고 당면한 순간에 집중할 수 있도록 하는 데 사용하는 도구다. 그러나 주장하건대, 잉글랜드 최고의 골퍼인 닉 팔도Nick Faldo가 팟캐스트에서 우리와 함께했을 때, 그는 자신의 경기를 시각화하는 것 그 이상을 했다고 밝혔다.

1987년부터 1996년까지 여섯 차례의 메이저 골프대회에서 우승한 팔도는 압박이 심해질 때 모든 걸 생각하지 않는 능력이 있었다고 말했다. 그는 1992년 오픈 챔피언십에서 악명 높았던 자신의 우승에 대해 얘기했는데, 경기 마지막 날에 이르러 모든 것이 무너지기 시작했다고 했다. 그는 그 마지막 날의 서곡에 해당하는 나흘간의 라운드, 모든 연습 시간, 이 순간 이전에 골프에 바친 모든 시간 등 지금까지 있었던 모든 것을 잊으라고 자신에게 말했다. 그 어느 것도 중요하지 않았다. 마지막 라운드가 거의 끝나갈 무렵, 그는 4홀만을 남겨두고 처음부터 다시 시작했다. 그는 그 4개의 홀에 집중하고 또 집중했다.

그는 그것이 그가 자주 사용했던 전술이라고 말했다. 대회 도중 좋지 않은 홀이 있었으면, 다음 홀까지 5분 정도 걸어가면서 2주일이

나 지난 것처럼 행동하곤 했다. 당신이 2주 전에 한 어리석은 행동에 여전히 짜증 날 확률은 대개 극히 낮다. 그러므로 그 모든 시간이 지난 척하면 그것을 잊고 다음 일에 집중할 수 있다.

이것은 너무나 매력적이면서도 단순한 기술이라, 나는 어떤 분야에서든 많은 사람이 공감하고 사용할 수 있다고 생각한다.

팔도 역시 정신적으로 큰 대회에서 벗어나 골프 연습장이나 퍼팅 그린으로 돌아가 부담 없이 그냥 연습하는 자신의 모습을 상상하곤 했다. 메이저 대회에서 경기하고 있다기보다 재미로 공을 치고 있을 때의 느낌을 그대로 재현하려고 했다. 그는 세계 프로 골프 사상 최초의 여성 캐디이자, 그의 선구자적인 캐디인 패니 수네손과 나눈 말을 이렇게 간단히 표현했다. 아주 직접적인 정보였다.

"내가 원하는 게 뭐지?"

"150야드 공을 치는 거지."

"좋아."

그는 대회 때 매일 자신에게 명확한 지시를 내리곤 했다. 만약 그가 4개의 샷을 만회할 필요가 있다면, 그는 자신에게 "나는 오늘 4개의 샷으로 이길 거야"라고 말했다. 피오나가 앞서 우리에게 말한 것처럼 큰 소리로 말했다. 그렇게 자신의 행동을 시각화한 것이 그것을 실현하는 데 도움이 되었다.

그의 마지막 메이저 우승인 1996년 마스터스에서 그는 가장 친한 친구인 그렉 노먼과 대결할 준비를 하고 있었다. 그는 어느 누구도, 최소한 그렉만큼은 보지 않고 코스를 향해 돌아서서 우승에 필요한 공을 치는 자신을 상상했다. 팔도는 그날 최고 점수인 67타를 쳐 6타차 열세를 뒤집으며 우승을 차지했다. 그리고 그 결과는 PGA투어 역대 최다 리드 타이기록이었다.

나는 나도 모르게 일종의 시각화를 하는 것 같다고 말하고 싶다. 축구를 하다 나는 가끔 경기 중에 결승 골을 넣는 것을 상상한다. (확실히 시간을 대부분 벤치에서 보낼 때 시각화를 또렷하게 하는 것이 더 어려워진다.) 결국, 경기에서 뛸 기회를 얻어 득점할 수 있는 위치에 오르면 무슨 일이 일어나고 있는지 절대 생각하지 않는다. 그냥 할 뿐이다. 아마 그것이 내가 직장생활에서 활용할 수 있는 것일 것이다.

나는 닉 팔도가 경기 중 경기 전 나날들을 무시하고 재설정한다는 아이디어가 정말 마음에 든다. 직장에서 우리가 잘했던 일, 잘못했던 일 등 과거의 승패에 대해 생각하면 귀중한 창조적 시간을 잡아먹을 수 있다. 나는 그런 행동을 많이 해서 확실히 죄책감이 든다.

내가 스스로 상기해야 할 것은 무언가를 계속 만드는 것이다. 그것이 나의 연료니까. 그것은 계속 날 나아가게 하는 것이다. 하지만 어쩌면 가끔 작은 것들을 만들었다면, 큰 프로젝트와 완벽함에 발목이 붙잡히기보다 더 쉽게 그 연료를, 그 목적을 가득 채우고도 남았을지 모른다. 예술은 완벽하거나 거창해야 하는 것이 아니라, 그저 계속 나아가기에 충분하기만 하면 되기 때문이다.

글을 쓰기 위해 노트북 앞에 앉았는데 커다란 빈 페이지가 당신을 빤히 쳐다보면, 자신을 나무라기가 십상이다. 특히 바쁜 삶을 살거나, 아이가 있거나, 평범한 직장 밖 여가시간에 창의성을 발휘하고 있는 경우가 그렇다. 그 창의성을 발휘해야 하는 시간은 마치 모래가 손가락 사이로 빠져나가는 것처럼 보일 수 있다. 퓰리처상을 받을 만한 소설을 후딱후딱 써 내려가고 있지 않는 한, 자기 자신을 쉽게 자책할 것이다. 나도 확실히 그런 편인데, 그래서 이 팟캐스트를 만드는 것이 정말 도움이 되었다. 세상에서 가장 성공한 창조적인 사람들도 고군분투하고 있다는 것을 들으면 큰 안도가 되었다. 나만 그런 게 아니구나!

하지만 어떻게 하면 창의성의 스위치를 켤 수 있을까? 음, 대답은 우리가 그것을 끄지 않는 것이다. 앞서 이지 서티가 우리에게 말했던 것처럼, 당신은 실제로 항상 창의적이다. 심지어 당신이 그것을 깨닫지 못할 때조차도. 당신이 내리는 모든 결정은 창의성의 한 형태다. 그것을 뒷받침하는 실제 과학이 있다.

심리학자 피오나 머든이 우리에게 공백의 순간 뒤에 숨겨진 과학을 이야기했을 때, 그녀는 창의성의 스위치를 켜는 것에 대한 정말 흥미로운 내용을 밝혔다. 그녀는 외부에서 봤을 때 창의성을 마음대로 켜고 끄는 것처럼 보이는, 가장 다작하는 창작자들조차도 사실 한 줄을 생각해내는 데 몇 시간이고 걸린다고 말했다. 사람들은 오직 최종 결과만 보지만, 현실은 전혀 그렇지 않다.

그녀는 자신이 일했던 패션 업계에서 창의성 스위치를 켤 수 있는 것처럼 보이는 일부 창작자를 언급했다. 그들에게 실제로 일어나고 있는 일은, 그들의 뇌가 디자인과 아이디어를 내도록 끊임없이 노력하며 일하게 훈련되어 있다는 것이었다. 심지어 그들이 종이와 펜을 잡지 않을 때조차도 말이다. 그래서 그들이 결국 일하기 위해 앉으면, 모든 것이 우르르 쏟아져 나오는 것이다. 그들은 창조적인 것에 대해 끊임없이 생각하고 거의 공상에 잠겨 있다. 그녀는 학생들을 대상으로 한 칠레의 한 연구를 언급했다. 그 연구는 의식적으로 공상에 빠졌다 나왔다 할 수 있는 아이들 역시 더 창의적일 수 있다는 사실을 알려주었다고 한다.

하루 중 90% 정도쯤 공상하는 사람으로서 정말 안도 되는 이야기였다. 사실, 내가 하루를 낭비하고 있다고 생각했던 그 시간 동안, 나는 실제로 여전히 창의적인 것이다. 그리고 내가 단어들을 연이어 쳐대며 노트북 앞에 앉아 있지 않는다는 것이, 내가 아무 일도 안 하고 있다는 의미는 아닌 것이다. 피오나와 함께한 방송 후에 이에 대해 생각하면 할수록 내가 항상 아이디어를 생각하고 있다는 것을 점점 더 깨닫게 되었다. 사실, 나는 생각을 끄는 게 어렵다는 것을 알고 있다. 어떤 촌극이나 스탠드업 코미디 아이디어, 다른 옷과 매치하고 싶어 사고 싶은 옷, 빈방 벽에 칠하고 싶은 색에 대해 생각을 멈출 수 없을 때 때때로 짜증이 나지만… 나 자신을 책망해서는 안 된다. 이것은 창의성이며, 실제로 호기심에서 비롯되기 때문이다.

'호기심이 고양이를 죽인다(호기심이 지나치면 위험하다는 뜻 - 옮긴이)'라는 속담이 있는데, 난 그 말이 싫다. 우리가 호기심을 멀리해야 할까? 우리의 모험적인 측면을 줄이기 위해서? 그것은 우리가 보살펴야 할 측면이다. 호기심은 놀라운 것이다. 피오나 머든이 설명했듯이 그것을 뒷받침하는 과학이 또 있다.

그녀는 호기심이 우리를 인간 종(種)으로서 현재의 우리로 진화하도록 이끌었다고 말했다. 호기심은 우리 모습의 일부가 되었고, 그것이 실제로 어떻게 수명을 연장시키는지를 보여주는 엄청난 양의 연구가 있다. 피오나는 몇 년에 걸쳐 수행된 연구가 하나 있는데, 그 연구가 호기심이 더 많은 사람이 더 오래 산다는 것을 보여준다고 말했다. 그녀는 호기심이 또한 우리의 정신건강에도 엄청나게 좋으며 신체 건강에도 좋은 것으로 드러났다고 덧붙였다. 왜냐하면 호기심은 우리가 타고난 부분이기 때문이다.

완전히 일리가 있는 말이지만, 조금 너무 굉장한 것처럼 보이기도 했다. 그래서 피오나가 호기심이 대단한 것일 필요가 없다고 말했을 때 안심이 되었다. 그녀는 아기가 왜 잠을 자지 않고 무엇을 하고 있는 건지 궁금해하는 것도 호기심일 수 있고, 이전에 알아차리지 못했던 창문 구석의 무언가를 알아차리는 것도 호기심일 수 있다고 했다. 기본적으로 호기심은 무슨 일이 일어나고 있는지 관찰하는 것이고, 어떤 면에서는 수사관이 되는 것과 약간 비슷하다.

피오나는 27년 동안 투옥된 넬슨 만델라의 예를 언급했다. 감옥에 갇혔을 때, 그는 많은 다양한 것들에 대해 엄청나게 호기심이 많았다. 그로써 그는 법학 학위를 받았고, 많은 다른 세계 지도자들에게 편지를 썼으며, 역사의 다양한 사건 속 중요 인물들에 관한 엄청난 양의 글을 읽었다. 피오나는 "당신이 저명하거나 존경받는 사람을 살펴보면, 호기심이 많은 사람을 보게 될 것"이라고 말했다.

호기심은 다른 사람들, 특히 우리와 다르게 생각하거나 반대되는 견해를 가진 사람들을 이해하려고 노력하는 데 도움을 줄 수 있다. 그들이 무슨 말을 하고 왜 그런 말을 하는지 호기심을 갖는 것은 그들이 왜 그렇게 반응했는지 알 수 있게 해준다. 피오나는 또 우리가 모두 우리 자신에 대해 더 많이 호기심을 가질 수 있다고도 생각한다. 반드시 자기성찰이나 자기분석을 해야 하는 것은 아니다. 그것들은 우리가 결국 과잉분석을 하게 되기 때문에 도움이 되지 않을 수 있다. 그러나 호기심을 갖고 한 발짝 물러서서 왜 어떤 것에 특정한 방식으로 반응했는지 궁금해하는 것은 엄청나게 유익할 수 있다.

그래, 난 넬슨 만델라가 아니다. 하지만 넬슨 만델라가 채식주의자에 대한 랩 가사를 쓴 적이 있었나? 아마 없을 것이다. 나는 우리가 특정한 일을 하는 이유와 그것을 다른 방법으로 할 수 있는지 질문하면서, 호기심을 이용해 우리 자신을 발전시킨다는 아이디어를 사랑한다. 나는 우리가 호기심을 잃으면 우리를 특별하게 만드는 우리 자신의 큰 부분을 잃는다고 생각한다. 피오나와 함께 방송한 이후로 나는 훨씬 더 호기심을 많이 갖도록 노력했는데, 그게 가능한 것인지조차 잘 모르겠다. 이 7장 부분과 관련해 조사할 때도, 나는 위키피디아에 들어가 석회 채석장에 대해 읽느라 몇 시간을 보냈다. 하지만 석회암에 대해 많은 것을 배울 수 있었다. 언제 그 정보가 쓸모가 있을지 누가 알겠는가?!

8장

육아

누군가를 과잉보호하면 그들이 다치진 않겠지만, 다칠 수도 있고 살아남을 수도 있다는 것은 알지 못한다.

_ **앤젤라 스캔론**Angela Scanlon

짐

육아는 이 책의 모든 내용을 다 합쳐 놓은 것 같다. 가면 증후군, 공개적 실패, 수면 부족, 사회적 불안과 매우 많은 공백의 순간들은 부모가 직면하는 문제 중 일부에 불과하다. 엄마나 아빠가 되어 느끼는 감정에는 지금까지 이 책에서 논의했던 많은 것들과 팟캐스트에서 정기적으로 맞닥뜨리는 감정이 포함된다. 그런데 그 감정은 이상하게도 당신이 아니라 당신이 낳아 세상에 소개한 작은 인간에 의해 고조될 뿐이다.

아이들은 생각했던 것보다 우리를 더 불안하게 만든다. 우리가 했던 그 어떤 것보다 더 당황스럽고, 그 어느 때보다 더 많이 실패하고, 이전의 그 어떤 사건보다도 더 사기꾼처럼 느껴지게 만든다. 또한, 그들은 그 모든 참담한 감정들의 해소제가 될 수 있다. 긴 하루의 끝에 우리의 작은 괴물들이 포옹해주거나 미소를 지어주면 우리 자신뿐만 아니라 그들에 대한 모든 걱정이 완전히 사라진다. 이외에 삶에서 가장 심각한 감정의 원인이자 동시에 치료제가 될 수 있는 다른 것은 없다.

나는 아일랜드 가톨릭 집안 출신이라 사촌들이 꽤 있고(정확히 말하면 20명), 심지어 육촌들은 더 많다(대략 100명 정도, 내 아버지조차 잘 모르신다). 내 아버지는 7남매로 누나 3명, 여동생 3명이 있다. 솔직히 아버지가 그 틈에서 어떻게 살아남았는지 전혀 알 수 없다. 하지만 내 아이가 생긴 이후로 나의 할아버지와 할머니가 7명의 아이를 낳아 키우면서 겪었을 일들을 알게 되었다. 18개월 전 우리의 딸이 태어난 이후로 아내와 내가 겪은 감정들은 책 한 권으로 쓸 수 있을 정도다. 그걸 무려 일곱 번이나 겪는다는 게 나는 상상이 안 된다!

내 조부모님은 아일랜드에서 왔고, 가톨릭 대가족으로 사촌이 많았다. 가족은 내 성장기의 큰 부분을 차지했다. 그 당시 내가 어떤 바보 같은 것에 빠지든 항상 탐색하게 해주고 절대 날 낙담시키지 않는 든든한 가족이 있다는 것은 행운이었다. 그땐 몰랐지만, 나의 엄마 아빠로부터 어떻게 좋은 부모가 되는지 힌트를 얻고 있었던 셈이다. 이젠 나도 부모가 되었으니, 딸에게도 똑같이 좋은 본보기가 되려고 필사적으로 노력하고 있다.

팟캐스트를 시작한 이후로 나는 육아 여행을 하고 있다. 2018년 9월 첫 방송을 시작할 당시 나는 아이가 없는 유부남이었고, 이 책을 쓸 당시 나는 18개월 된 딸을 둔 유부남(감사하게도!)이 되었다. 아내

미란다와 나의 임신과 출산에 관련된 전 여정은 내 팟캐스트 여정과 함께한다. 그 때문에 나는 항상 초대 손님들의 부모가 그들의 삶에서 어떤 역할을 했는지 듣고 싶어 한다.

어떤 사람들은 시인 마이클 로젠Michael Rosen처럼 부모님의 영향을 많이 받는다. 우리가 로젠에게 어린 시절의 이야기를 물었을 때, 그의 얼굴이 환해졌다. 그는 자신의 부모인 코니와 해롤드에 대해 이야기할 때, 그의 책《소 데이 콜 유 피셔So They Call You Pisher!》를 언급했다. 그들은 로젠 가족뿐만 아니라 런던 북서부의 피너 지역 공동체에서 분명 명성이 좋은 사람들이었다. 그의 부모가 공산당 지부 회의를 조직해서 당원들이 집에 모이곤 할 때 어린 마이클은 자는 척하며 계단에 숨어서 모든 상황이 전개되는 것을 지켜보곤 했다. 그들 중에는 레이더호젠을 입은 맥스와 영국국제항공BOAC의 코멧 제트 여객기에서 일했던 키 큰 렌이 있었다. 마이클이 그의 머릿속을 차지하는 수백 명의 인물들과 함께 자랐다는 것은 놀랄 일도 아니다. 그들은 마이클의 이야기와 시에 등장할 것이다.

부모에게서 큰 영향을 받은 초대 손님 중 하나는 다재다능한 벤 베일리 스미스다. 일명 닥 브라운Doc Brown으로 불리는 그는 배우, 코미디언, 작가이자 음악가로 형제자매들 모두 창조적 산업에 종사하고 있다. 하지만 그의 부모로부터 그런 창조성을 물려받은 것은 아니다. 그에게는 칭송받는 작가인 누이, 음악가이자 작가인 남동생, 음악가인 이복형제와 화가인 이복누이가 있지만, 그의 부모는 특별히 창의적이지 않았다고 그는 말했다. 이 풍부한 창의력은 어떤 이유에서인지 아이들에게만 있었고, 분명 어떤 형태로든 분출되었을 것이다. 하지만 벤은 상황이 달랐을 수도 있다. 왜냐하면, 그는 어렸을 때 배우나 우유 배달부가 되는 것이 꿈이었다. 그는 우유를 배달할 사람들에게 사명감을 주는 사장이 되면 좋겠다고 생각했고, 우유 배달용 소형 전기차를 타고 마을을 유람하고 싶었다.

마이클과 벤과의 방송, 그리고 다른 많은 방송을 통해서 나는 어떤 아빠가 될지, 부모가 자녀에게 어떤 영향을 미칠지, 그리고 육아가 어떻게 엄청난 공백의 순간이 될 수 있는지 생각해볼 수 있었다. 그 방송들을 녹화할 당시 아내는 딸을 임신한 상태였다. 아무도 아이들이 무엇을 할지 알지 못한다. 나에게 육아는 매일 새로운 상황에 던져넣고 가라앉는지 아니면 헤엄을 치는지 보러 오는 작고 까다로운 상사와 끊임없이 일하는 것처럼 느껴졌다. 그 보스는 절대 칭찬하는 법이 없고, 종종 혼을 내며, 한 시간 단위로 원하는 것이 바뀐다. 이게 인턴 과정이었다면, 나는 진작 그만뒀을 것이다.

하지만 보상이 있다. 당신이 직장 경험을 쌓을수록 미소와 포옹이 점점 더 일상화될 뿐 아니라(진짜 상사와는 부적절하니 신경 쓰지 마라), 한 사람의 인생관을 형성하는 데 도움을 준다는 것이다. 확실히, 마이클 로젠의 부모는 그가 호기심이 많고 사물에 의문을 갖도록, 시류를 거스르도록, 자신을 지지하도록, 가장 중요하게는 창조적이 되도록 그를 도왔다.

나는 지금 내가 아빠라는 것을 깨닫는다. 나는 내 모든 인생관을 부모님, 그분들께서 행하고 말씀하신 것들을 통해 확립했다. 나는 아버지를 통해 지지의 중요성을 배웠다. 그는 내가 2년 정도마다 어떤 새로운 직업을 선택하든 상관없이 항상 곁에 있어 주었다. 나는 또 아버지에게서 위기상황이나 머릿속이 하얘지는 상태에 직면했을 때 논리적으로 대처하는 법과 준비의 중요성을 배웠다. 그리고 어머니한테서는 한결같은 연민을 배웠다. 나는 연민과 다른 사람들을 돕는 방법, 그리고 엄마로서 그녀도 다르지 않았다는 사례들로 가득 찬 책 한 권을 쓰라면 쓸 수도 있다. 나는 우리 딸이 태어난 이후로 내 부모님 같은 부모가 되려고 노력하고 있다.

내 부모님은 좋을 때나 나쁠 때나 이런 것들을 내게 가르쳐주었다. 확실히 그들은 나로 인해 나쁜 일을 아주 많이 경험했다. 나는 어릴 적 스페인에서 살았을 때 대리석 계단에서 떨어져 무려 두 번이나 머리에 금이 갔고, 스무 살 때는 샹그리아를 너무 많이 마신 탓에 유리문에 부딪혀 머리에 다시 금이 갔다. 청년 시절, 나는 종종 내가 뭘 하고 있는지 알 수 없어서 혼란스럽고 화나고 슬펐다. 아마 같이 살기가 매우 힘들었을 것이다. 하지만 그들은 공백과 실수투성이인 내 삶 내내 나를 지도해주었다. 여전히 가끔 울고 쓰러지기도 하지만 사회에서 어느 정도 기능하는 구성원으로 나를 만들어주었다. 이제 육아에 대한 책임이 내게 넘어왔으니 내 딸이 앞으로 20년 동안 함께 살면서 머릿속이 하얘지는 순간들을 잘 이겨낼 수 있기를 바라고 있다.

하지만 나에게 영향을 준 사람이 내 아버지와 어머니뿐만은 아니다. 내게 이 육아라는 경기에 함께 임할 수 있는 사람이 있다는 것은 너무 행운이다. 그녀는 내 아내이자 이 경기의 팀 동료로서 내가 만나본 사람 중 가장 친절한 사람이다. 미란다는 그 사실을 인지하지 못할 수도 있지만, 그녀는 매일 매사에 나에게 꽤 상당한 영향을 미친다. 항상 구글홈으로 제이미 컬럼Jamie Cullum의 노래를 재생시키는 거라든지(이건 나의 불만 사항이다. 나는 재생목록에 그의 많은 노래를 몰래 추가해 듣고 있다), 아니면 그녀가 다른 사람들을 연민으로 대하는 방식, 종종 그녀 자신의 요구보다 다른 사람들의 요구를 우선하는 것 같은 것들 말이다. 엄마로서도 그녀는 매우 훌륭하다. 그녀로 인해 나 역시 좋은 아빠가 되고 싶다. 나는 살면서 그런 영향들을 인식하는 것이 중요하다고 생각하는데, 그것들이 꼭 명확한 건 아니다.

육아에 있어서 그런 영향을 주는 대상은 반려자일 수도 있고, 친구일 수도 있고, 혹은 동네 가게에서 일하는 남자로 그가 자신의 아이들에 대해 말하는 방식일 수도 있다. 이 세상의 우리는 모두 의도하든 하지 않든, 서로에게 조언을 해주고 있다. 그리고 그 조언에 마음을 여는 것이 지극히 중요하다.

미란다가 임신한 순간부터 나는 아빠로서의 책임감을 생각하면 항상 겁이 났다. 하지만 우리가 재미있는 〈스커미 마미즈The Scummy Mummies 쇼〉의 엘리 깁슨을 만났을 때, 내가 제대로 가고 있다는 것을 깨달았다. 그녀는 우리에게 겁이 날 수밖에 없다, 그녀가 봐온, 육아에 실패한 사람들은 부모가 되는 것이 어떤 것인지 정확히 안다고 생각하는 사람들이다, 라고 말했다. 특히 그들이 부모가 되는 것이 마냥 달콤하고 행복하리라 생각할 때 그렇다. 왜냐하면 실제로 대부분의 육아 시간이 그렇지 않기 때문이다. 솔직히 말해서 그건 모든 삶에 적용되는 것 같다.

자일스

1943년 7월 6일, 연합군의 시칠리아 침공 당시, 나의 할아버지, 찰스 필립스의 비행기가 격추되었다. 그 당시 아버지는 겨우 두 살이었다. 나는 최근에 와서야 아버지 인생의 그 비극적인 순간을 모두 제대로 이해하게 되었는데, 나중에 다시 언급하겠다.

육아? 어디부터 시작할까? 육아는 우리 삶의 많은 측면과 얽혀 있는 진짜 거대한 주제다. 대화의 시작점이고, 공감의 원천이며, 죄책감과 공포, 분노와 좌절과 같은 무서운 감정뿐만 아니라, 순수한 기쁨, 꾸밈없는 행복, 자부심처럼 노래하고, 춤추게 하는 아주 많은 경이로운 감정들의 원천이다. 육아는 가장 아름다우면서도 가장 도전적인 어떤 것이다.

아내와 나는 시포드에서 이스트본으로 가는 12번 버스에 앉아 앞으로 몇 년간 우리가 무엇을 할 건지 얘기를 나누던 때 아이를 갖기로 했다. 그 당시 우리 둘 다 어떤 특정 경력의 궤적을 따르고 있지는 않았다. 나는 장난감 가게를 운영하고 있었고 미셸은 교육 감독관이었다. 우리는 한편으론 창조적인 모험을 하고 있었는데, 나는 밴드에

속해 있었고 미셸은 인테리어 디자이너 훈련을 받고 있었다. 하지만 우리 둘 다 별 진전을 보이지 못했고, 또 다른 꿈을 이루기 위해 노력할 완벽한 시기라고 느꼈다. 바로 부모가 되는 것이었다.

육아에 관한 수천 권의 책이 있는데, 그중 단 한 권도 진정으로 당신을 준비시키거나 당신만의 부모 경험을 알려주진 못할 것이다. 감정의 범위만을 다루는 데도 아주 많은 책이 필요할 텐데, 물론 당신 아이만을 위한 책은 없다! 게다가 임신하기까지 시간이 걸릴 수 있다는 것이다.

아내와 나는 이상적인 육아 유토피아를 꿈꿨다. 우리는 아기 이름, 침실 색깔, 유모차, 친환경 기저귀, 모유 수유, 육아법으로 유명한 미국 소아청소년과 의사 스포크Spock 박사에 대해 이야기했다. 하지만 한 가지 큰 걸림돌이 있었다. 우리가 실제로 임신하는 것이 어렵다는 것을 알게 된 것이다.

처음에는 타이밍이라고 생각했고, 어쩌면 우리가 제대로 딱 맞추지 못해 그런 걸지도 모른다고 생각해서 노력을 두 배로 했다. 너무 생생하게 표현하고 싶지는 않고(이 책은 그런 종류의 책도 아니고), 아무튼 엄청 재미있고 즐거웠던 것이 약간 로봇같이 임상적으로 변했다. 개념적으로 말하면 우리는 에베레스트의 정점을 향해 터덜터덜 걷고 있었고, 대부분의 탐험가가 길이 막혔을 때 그러하듯, 우리는 택할 수 있는 다른 길이 있는지 알아내야 했다.

그래서 우리는 지역 보건 의사와 약속을 잡았다. 전문가의 도움이 필요했기 때문이다. 우리는 1년 동안 부모가 되리란 꿈을 꿔왔지만 꿈은 서서히 사라지고 있었다. 우리는 우리 자신에게 중대한 질문을 던졌다. 만약 내가 늘 그렇듯 빈총을 쏘고 있다면, 우리 몸에 문제가 있어서 만약 우리가 아이를 가질 수 없게 된다면 어쩌지?

그것은 마치 우리 부부의 생물학적 실패처럼 느껴졌고, 실패한 순간에 딸려오는 그 모든 감정이 우리가 바라던 결과를 잃을 가능성과 합쳐졌다. 부모가 되고 싶은 우리의 열망이 점점 강해질수록 그 가망은 점점 더 사라지는 것 같았다.

하지만 실패는 종종 보는 사람의 눈에 달려 있다는 것을 기억하라. 실패는 이야기가 끝나는 지점이 아니다. 결론 부분이나 엔딩 크레딧이 아닌 것이다. 실패가 눈앞에 나타난 순간은 성공 방법을 모색하는 기회가 시작되는 지점이다.

물론, 이것은 쉬운 일이 아니며, 감정이 우리를 이긴다. 아내와 나에게는 엄청나게 힘든 시간이었다. 지역 보건 의사는 우리를 안심시키고 가능한 한 과학적 이유를 제시해주려고 했다. 하지만 그 단계에서는 흔들리지 않고 계속 시도하는 것이 다였다.

이것이 육아에서 겪는 많은 공허한 순간 중 첫 번째가 될 것이다.

고뇌는 슬픔과 어쩌면 우리를 위한 게 아니었을지도 모른다는 인정으로 바뀌었다. 그래서 우리는 두려움이 사실로 밝혀졌을 때 부모가 될 수 있는 대안을 고민하기 시작했다. 하지만 살다 보면 종종, 기대를 내려놓는 순간에 놀라운 일들이 일어난다. 일이 어떻게 되는 건지 알아보기 위해 의료 전문가들과 더 약속을 잡고 있을 때 아내가 생리를 하지 않는다고 알려주었다.

임신 테스트기에 두 줄이 나타난 순간, 임신할 수 있을지 없을지 알 수 없었던 그간의 불확실성이 더 큰 환호와 기쁨으로 변했다. 우리는 결국 아이를 가질 수 있다는 사실에 너무나 감사했다. 그리고 어떤 이유나 상황으로든, 임신이 가능하지 않은 많은 사람을 알게 되면서 결코 임신을 당연한 것으로 여기지 않았다. 그것은 믿기지 않을 만큼 고통스럽기 때문에, 나는 기쁨 중에 항상 그 사람들을 생각한다.

그래서 나에게 부모가 되는 것은, 특권이고 선물이다. 부모가 되는 게 가장 힘든 순간일 때조차, 아이는 계속해서 나를 놀라게 한다. 나를 매혹하며 내가 될 수 있는 최고의 사람이 되도록 가르친다. 내가 결코 경험한 적 없는 부모가 되도록.

부모의 부재

수십 년 동안, 찰스 디킨스부터 로알드 달Roald Dahl과 J. K. 롤링에 이르기까지 작가들은 주인공의 서사를 이끌어가기 위해 부모의 부재를 이용했다. 그리고 같은 주제는 〈스타워즈〉나 〈E.T.〉와 같은 영화에서도 볼 수 있다. 너무나 유명한 이들 허구의 세계에서, 우리는 우리의 영웅들이 어린 시절 한쪽 부모나 아니면 양쪽 부모를 다 잃는 것을 보아왔다. 사실 아동문학에서는 등장인물이 특히 부모를 여읜 경우가 많다.

그렇다면 왜 이런 이야기들의 창작자들은 이 장치를 그렇게 자주 쓰는 걸까? 흔히 그 장치를 통해 여러 비유가 한 이야기 안에 생길 수 있기 때문이다. 소년 마법사에서 겁 많은 작업장 고아까지, 창작자는 부모가 없다는 비유 장치로 그들의 등장인물을 모든 상황에 등장시킬 자유와 명분을 얻는다. 부모로부터 방해받지 않는다면, 그들의 모험에는 한계가 없다. 이 등장인물들은 자신의 영리함, 본능과 기발한 재주를 이용해 스스로 배우고 성장하고 발전해나가야 한다. 말하자면, 손이 덜 가는 것이다.

《헝거게임The Hunger Games》과 같은 책에서, 부모의 죽음은 등장인물의 성격적 특정 측면들을 구축하는 데 쓰인다. 아버지가 돌아가신 후, 주인공 캣니스는 부모 역할을 맡게 되어 여동생을 보호하게 되는데, 이것이 실제로 전체 줄거리를 이끈다. 이 주제는 가장 유명한 동화에도 나온다. 신데렐라를 생각해보자. 아버지의 때 이른 죽음으로 그녀는 계모와 의붓언니들에게 학대받는 삶을 살게 된다. 이런 이야기들에서 그 비유 장치는 마지막 부분에서 최고의 복수를 만들어낸다. 악당들은 마땅한 벌을 받고 우리의 불행한 주인공은 행복하게 쭉 잘 산다.

모든 이야기는 갈등을 필요로 하는데, 어린 나이에 사랑하는 사람을 잃는 것보다 더 큰 갈등이 어디 있겠는가?

때때로 애초에 영웅에게 부모가 있었다는 아이디어는 열외거나 잊힐 수 있다. 하지만 최고의 이야기들에서는 부모의 상실이 등장인물에게 더 큰 영향을 미치곤 한다. 《해리포터》를 생각해보자. 어떻게 그의 부모가 《해리포터》 시리즈 전개의 중요한 부분이 되고, 이야기의 마지막 단계에 접어들면서 더 강렬한 감정 곡선을 그리게 하는가.

가장 흔한 이야기의 비유들처럼, 부모의 부재라는 아이디어는 오랜 세월을 거치면서도 소설에서 건재해왔다. 왜냐하면, 부모의 상실을 경험하지 않은 독자들조차도 이 시나리오가 계속 상기시키는 그 감정들에 공감할 수 있기 때문이다.

우리가 블랭크 팟캐스트에 배우 루퍼스 스웰을 초대했을 때, 그는 어린 시절과 그것이 그에게 끼친 영향에 대해 길게 이야기했다. 그의 가족은 매우 가난했다. 부모님은 헤어졌고, 그의 아버지는 경제적으로 없느니만 못했다. 그래서 어머니는 다양한 일을 하며 루퍼스를 기르고 있었는데, 루퍼스가 열 살 때 아버지가 돌아가신 후에는 더 그렇게 되었다.

루퍼스는 채소 장사를 다녔던 어머니를 회상했다. 그녀는 런던 블랙 택시를 훔치곤 했는데, 택시 표시등도 켜지 않은 채 몰고 가 큐 시장에서 값싼 또는 공짜 채소를 구해오곤 했다. 그녀는 소년 행상들을 속이고는 썩지 않은 것이면 뭐든지 친구들과 지역 주부들에게 팔았고, 남은 것은 가족들이 보관하곤 했다. 키가 180cm였던 그의 어머니는 헝클어진 머리에 맨발로 썩은 석류를 가득 실은 블랙 택시를 타고 나타나서 그를 학교에서 데려오곤 했다.

루퍼스는 여러 차례 학교에 무단결석했다고 고백했다. 사람들이 그에게 아버지가 돌아가셔서 심리적 반응으로 그러는 것인지 물었을 때, 그는 그냥 "꺼져!"라고 말했었다고 했다. 하지만 곰곰이 생각해보니, 그들이 맞았던 것 같다고 했다.

부모의 상실과 그것이 어린 시절에 미친 영향에 대해 루퍼스가 팟캐스트에서 한 말은 정말로 나와 관련이 있었다. 상실과 잦은 부재는 내 가족 배경에서 가장 중요한 부분이었기 때문이다. 하지만 우리가 소설에서 읽은 몇몇 등장인물과는 달리, 현실에서는 그것을 진정으로 받아들이는 법을 배우고 길을 찾기 시작하기까지는 오랜 시간이 걸린다.

나의 아버지는 부모 노릇을 할 줄 몰랐다. 사실, 형편없었다. 어머니가 몇 년 동안 백혈병 말기를 앓다 돌아가시자, 그는 41세의 나이에 자신이 홀아비이자 2명의 어린 아들을 둔 아버지라는 것을 깨달았다. 어머니가 항상 있었기 때문에 아버지는 직장, 협의회와 물론 술집에 갈 때도 한가로이 갈 수 있었다. 그러다 어머니가 더 이상 우리 곁에 없자, 아버지는 술집이 사실상 그의 삶 전부였다.

너무 어렸던 나는 머릿속으로 그리고 다른 모든 사람에게 그런 아버지를 변명했다. 나는 '아버지는 상처받은 거야', '아버지는 삶을 잘 다루지 못해'라고 생각했다. 어쩌면 그런 것들이 사실일 수도 있지만, 내 아버지도 너무 어린 나이에 아버지를 여의었기 때문에 애초에 아이들을 기르는 데 필요한 기량과 정서적 책임감을 갖추지 못했을 수도 있다.

나는 거짓말은 안 할 것이다. 아마 아버지가 아버지의 아버지를 그리워했을 그런 식으로 똑같이 나는 내 아버지(또는 그냥 아버지라고 말해야 하나)를 애타게 그리워했다. 하지만 술이 그의 가족이자 다른 중요한 것이 되었고 결국 그의 목숨을 앗아가는 관계가 되었다.

나는 더 이상 내 아버지를 위한 변명은 하지 않을 것이다. 그는 완전히 실수했다. 막상 내가 부모가 되어보니, 아버지에게는 필요한 인내와 헌신 그리고 공감의 수준이 없었다. 너무 이기적인 인간이어서 부모가 되는 데 완전히 전념할 수 없었다는 것을 알게 되었다. 하지만 세월이 흐르면서, 나는 그가 왜 그랬는지 이해할 수 있게 되었다. 그래서 나는 그 전철을 밟지 않으려 한다. 아버지와 나는 다른 사람이고, 나는 그걸 알고 있다. 그러면서도 아버지가 나의 전부가 아니었으니 내가 내 아이들에게 전부가 되겠다는 생각은 아주 이상하고, 엉망이며, 문제가 있는 가족이라는 점에서 영감을 주었다.

처음 읽었을 때부터 내 마음을 사로잡은 멋진 인용구가 하나 있다. 아이다 벨 웰스Ida B. Wells의 '잘못을 바로잡는 방법은 그것들에 진리의 빛을 비추는 것이다'다. 과거의 실수를 반성하며 인정하고, 사랑하는 사람에게 잘못이 있을 때 진정으로 수용할 수 있다는 것은 우리가 앞으로 나아갈 수 있다는 것을 의미한다. 그것이 내가 배운 가장 큰 교훈이다. 나쁜 부모를 둔 것은 내가 더 나은 부모가 되도록 도와주었다.

9장

교육, 멘토와 경력

내 학창시절에 영리한 사람들은 모두 말썽꾸러기였고, 모든 말썽꾸러기는 영리했다. 나는 멈춰야 할 때를 전혀 몰랐는데, 설사 선생님이 화내는 걸 안다고 하더라도 나는 늘 계속 그랬을 것이다. 그게 내가 잘하는 것이었다. 나는 주로 사람들이 하지 않을 일을 해서 그들을 웃길 수 있다는 것을 알았다.

_ **케빈 데이**Kevin Day

자일스

멘토링의 뿌리를 알기 위해서는 약 3천 년 전으로 거슬러 올라가야 한다. 호메로스의 《오디세이Odyssey》에서 '멘토'라는 인물은 오디세우스가 트로이 전쟁으로 떠나 있는 동안, 그의 아들인 텔레마코스를 보살피는 일을 맡는다. 멘토는 특별히 현명하다거나 더 특별히 유능하지도 않다. 그는 기본적으로 오디세우스의 부탁을 들어주는 친구로 나온다.

젊은 사람의 삶에 영향을 끼치고 지도하는 사람을 의미하는 '멘토'라는 단어는 1699년 프랑스 작가 페늘롱Fénelon이 《텔레마코스의 모험Les Aventures de Télémaque》이라는 소설을 출판하면서부터 실제로 등장하기 시작했다. 그 소설에서 멘토는 단순히 미화된 베이비시터가 아닌, 텔레마코스의 스승으로 등장한다. 최종적인 줄거리의 반전은 그가 변장을 벗고 사실은 자신이 지혜의 여신 미네르바라고 밝히는 대목이다. (줄거리 반전에 대해 말하자면, 이것은 영화 〈식스 센스The Sixth Sense〉나 〈유주얼 서스펙트The Usual Suspects〉의 카이저 소제Keyser Söze와 정확히 같다고 할 수는 없다. 그럼에도 불구하고 흥미롭다.) 멘토에 대한 페늘롱의 묘사로 인해 그 단어는 1970년대부터 직장에서 점점 더 많이 사용되면서 현대적 맥락으로 쓰이기 시작했다. 그 시기에 비즈니스 리더들이 주니어급의 구성원들을 고무시키고 훈련시키는 과정의 일부에 멘토를 채택했다.

멘토링은 진화했고 현재는 사람 또는 산업에 따라 다른 형태를 취한다. 멘토는 신뢰받는 조언자, 교사, 상사, 친척이나 친구가 될 수 있는데, 그들의 지혜와 경험은 기꺼이 경청하려는 사람들을 도울 수 있다.

만약 내가 이 팟캐스트를 시작하기 전에 내 멘토가 누구냐는 질문을 받았더라면, 나는 아마 아무도 없다고 대답했을 것이다. 하지만 지금까지 우리는 많은 초대 손님들과 이야기했고, 그들 인생에는 그들의 삶의 여정과 그들의 성취에 중요한 역할을 했던 사람이 한 명 또는 그 이상이 있었다. 나와 같은 일부 사람들에게는 그들의 멘토가 누구인지 항상 명확하지가 않다. 그래서 언제 누군가가 어떤 중대한 말이나 행동을 해서 그들의 삶을 특정한 방향으로 이끌었는지 구체적인 경우들을 곰곰이 생각해봐야만 했다.

내 삶에 드나들며 더 나은 방향으로 진로를 바꿔준 사람들을 되돌아보게 되었다. 아무도 칭찬해주지 않을 때 나를 칭찬해준 선생님,

밴드를 시작하라고 격려해준 대학 동기들, 매일 나에게 멘토가 되어준 아내, 그리고 팟캐스트의 모든 초대 손님 한 명 한 명이 받아들일 만한 교훈을 주었다. 내가 창작자로 또 한 사람으로 발전할 수 있도록 도와주었다.

배우, 작가이자 프로듀서인 짐 피독Jim Piddock은 자신의 멘토 경험을 언급하며 솔직함과 감사가 멘토와 멘티 관계에서 얼마나 중요한 역할을 하는지 얘기했다. 짐은 정말 솔직한 것이 중요하다고 생각한다. 젊은 시절 두 사람이 짐에게 멘토를 해 주었는데, 그는 그것을 결코 잊지 못했다. 특히 그에게 매우 도움이 되었던 한 작가가 있었는데, 그의 첫 시험 방송 작가였다. 짐이 글쓰기에 관심이 있다고 말하자, 이 작가는 그를 자신이 실제 일하는 곳으로 초대했고, 둘은 그 직업에 대해 한 시간 넘게 이야기를 나눴다. 이 작가는 짐에게 그 과정과 비즈니스 측면에 대해 모두 말해주었는데, 그 자체가 너무 용기를 북돋아주는 사람이었다.

짐은 매우 감사했고, 이 대화가 있은 지 1년 후, 그 작가에게 전화를 걸어 그가 한 일이 짐에게 큰 의미가 있었다고 알려주었다. 그 대화는 짐의 삶을 변화시켰는데, 특히 작가로서의 그의 경력 측면에서 그랬다. 짐은 다른 사람들에게 시간을 내주는 것이 너무 중요하다고 진심으로 생각한다. 몇 마디 친절한 격려의 말은 다른 사람들에게 크게 도움이 될 수 있거니와 어떤 비용도 들지 않는다.

미야기 선생님 : 최고의 멘토

영화는 최고의 멘토와 최악의 멘토를 떠올리게 하는 재주가 있다. 영화 〈죽은 시인의 사회Dead Poets Society〉의 키팅 선생님 대 〈파이트 클럽Fight Club〉의 타일러 더든, 〈스타워즈〉의 오비완 대 사악한 황제 팰퍼틴. 멘토는 영화에서 부모의 부재와 대단히 비슷하게 반복해서 보이는 비유 장치다. 보통 진정한 성인 이야기에서 멘토는 빠질 수 없다. 만약 미야기가 없었다면, 대니얼 라루소는 어떻게 되었을까? 가라테karate를 꽤 못하지 않았을까, 추측해볼 수 있다.

그래서 멘토의 역할이 중요하지만, 멘토를 고려할 때, 우리는 멘티(혹은 '후배'가 아마 더 나은 단어일 것이다)의 역할도 고려해야 한다. 미야기에게 대니얼이 없었다면 어땠을까? 글쎄, 그는 분재 나무를 가지치기하고 모든 집안일을 걱정하는 데 훨씬 더 많은 시간을 썼을 것이다. 그 일들은 대니얼의 도움으로 할 수 있었던 것들이다. (〈베스트 키드The Karate Kid〉를 못 본 이 책의 독자에게 내가 스포일러가 될 것 같다.)

가라테 팁 몇 가지를 배우는 대가로 대니얼이 하는 노동을, 회복력이 얼마나 중요한지를 보여주는 구성 장치로 오해할 수도 있을 것이다. 하지만 실제로 중요한 것은 멘토링에 대한 미야기의 체계적이고 자기성찰적인 접근법이다. 그것은 현란하지도 요란하지도 않다. 그는 대니얼의 결의를 북돋우려고도 하지 않는다. 그는 대니얼에게 우리가 실전 경험으로 삶의 역경을 극복할 수 있는 미묘한 방법들을 보여줄 뿐이다.

이 영화의 줄거리는 친숙하다. 결손 가정 출신의 새로운 아이가 마을에 도착하고, 정신적, 육체적으로 그를 괴롭히는 마을 불량배들과 충돌하는 등 끊임없이 좋지 않은 그의 새 삶을 떠올리게 한다. 가라테는 성장 이야기를 전달하는 데 쓰이는 수단이자 주인공의 삶을 바꾸는 도구다. 하지만 깊게 들여다보면, 그 영화는 스승과 제자 사이의 우정과 관계를 다룬 이야기다.

미야기의 마음을 괴롭히는 것이 있는데, 영화 중반에 그는 제2차 세계대전 때 자신이 유럽에서 복무하는 동안 아내와 아들이 한 포로수용소에서 출산 도중 사망한 이야기를 털어놓는다. 대니얼은 아버지와 떨어져 사는 이혼 가정의 아이로, 두 사람 사이에는 아버지와 아들 같은 유대감이 형성된다. 대니얼은 미야기에게 그만큼 중요한 존재이며, 미야기의 가르침을 통해 둘 다 가라테가 가져다주는 개인적인 균형과 평정을 깨닫게 된다. 시청자로서, 우리는 최고의 멘토들이 어려움을 겪었을 거라는 걸 안다. 사실, 이런 이유로 종종 그들은 권위적인 위치에서 그들의 지식을 전수한다. 알베르트 아인슈타인이 말했듯이, '지식의 유일한 원천은 경험이다.'

〈베스트 키드〉를 보면서 얻을 수 있는 교훈은 많다. 삶이 던지는 역경을 받아들이는 법을 배워라. 속임수는 결코 승리하지 못한다. 연습이 완벽을 만든다. 복수는 절대로 좋은 생각이 아니다, 등. 그러나 내 마음에 와닿은 한 교훈은 항상 겸손한 멘토에게 귀를 기울이라는 것이다.

영화 말미에 큰 가라테 대회가 열리는데, 이는 대니얼이 불량배들에게 자신을 빛내고 증명할 수 있는 기회다. 그들은 모두 영화에서 가장 멍청한 놈 중 하나인 존 크리즈가 운영하는 지역 군대 스타일의 체육관 소속이었다. 한판 승부에서 크리즈는 그의 제자 중 한 명에게 '다리를 후려쳐'라고 시킨다. 그 동작은 상대를, 대니얼의 경우는 그 동작이 초래할 부상의 심각성을 고려할 때 경기를 계속할 수 없게 만드는 반칙이었다.

어쨌든, 간단히 말하면 이 악랄한 전략은 성공하지 못한다. 대니얼은 세상 경험이 많은 스승의 조언과 믿기 어려운 몇몇 부두교 치료 기법을 통해 그 모든 부상에서 회복해 승리한다. 이를 매우 자랑스러워하는 미야기가 그의 어린 제자 옆에서 미소를 지으며 영화는 막을 내린다.

최고의 멘토는 학생들에게 최고의 인생 수업을 제공하고 자신의 가장 암울하고 공허했던 순간들을 통해 그들을 인도한다. 그러면서도 자신의 약점을 보여주는 것을 두려워하지 않는다. 그리고 미야기의 경우, 제자들에게 모든 집안일을 하게 하는 방식으로 가르침을 잘 조정한다. 울타리를 페인트칠하게 하는 것, 사포로 바닥을 닦아 광을 내게 하는 것, 그 밖의 기타 등등. 그 남자는 정말 천재였다!

엘렌 엘리자베스 카펜터 혹은 할머니 퀴니. 내가 더 애정 어리게 그녀를 알고 있었기 때문에, 그녀는 자신이 멘토인 줄 몰랐지만, 사실

상 나의 미야기 씨나 마찬가지였다.

내 어머니가 돌아가셨을 때, 온 가족이 분명 슬픔을 느꼈지만, 퀴니 할머니만큼은 아니었다. 외동아이를 잃는다는 건 견디기 힘든 일일 텐데, 부모로서 나는 그런 상실감에 딸린 감정을 가늠할 엄두조차 낼 수 없다.

퀴니는 우리가 생각하는 특정 시대의 할머니였다. 저녁에는 구이 요리를 하고, 스콘을 굽고, 실내복을 입고 노래하고 춤추며, 린스 세트와 뿔테 안경으로 마무리되는 여자 가장. 하지만 퀴니에게는 언제나 매우 다른 점이 있었다. 그녀는 무척 조용하고 내성적이며 예민한 태도를 지니고 있었다. 최소한 내 기억 속 그녀는 그렇다. 수년간 함께 살았던 한 살 위 내 형은 다르게 인식할지 몰라도 내게 그녀는 친절함의 전형, 그 자체였다.

할아버지가 돌아가신 후, 나는 퀴니네 아파트에서 주말을 보냈는데, 그녀와의 이 일대일 시간은 가장 좋아하는 어린 시절 내 추억의 일부다. 그녀는 내게 뭔가를 가르쳐주곤 했는데, 새로운 카드 게임을 보여줄 때는 항상 친절했고, 나와 함께 빵을 구울 때는 항상 인내심을 가졌으며, 내가 그녀의 신경을 건드리거나 짜증 나게 할 때도 단 한마디도 불쾌한 말을 하지 않았다. 그녀는 어느 모로 보나 이해심 많은 부모였다. 이 글을 쓰는 것만으로도 내 가슴이 뭉클해진다. 왜냐하면, 그녀는 내가 될 수 있는 최고의 사람이 되도록 노력하게 했기 때문이다.

아직도 내 머릿속에 선명하게 각인된 일이 하나 있다. 한 친구와 나는 동네 신문 가게에서 우리의 '트랜스포머Transformers' 스티커 앨범에 붙일 파니니Panini 스티커 몇 장을 훔치다가 잡혔다. 내 생애 처음이자 마지막으로 훔친 것이었는데, 아직도 엄청나게 죄책감이 든다.

항상 분노와 수치심을 느끼시는 아버지는 노발대발하셨고 내가 가족을 실망시켰다고 말했다. 며칠 후, 나는 퀴니네 집에 갔다. 그녀가 내게 실망하리라 생각했지만, 늘 그랬듯이 그녀는 놀랍게도 달랐다. 감자껍질을 벗기는 동안, 그녀는 나를 한쪽으로 데려와 팔로 감싸더니 꽉 안아주며 말했다. "괜찮아, 무슨 일이 있었는지 말해보렴."

나는 떠넘기기를 했다. 나는 스티커를 원해서 훔친 게 아니라, 주목받고 싶어서 못된 짓을 하는 것으로 주목받고 싶어서 훔쳤다. 그렇게. 그러자 그녀는 내가 나쁜 사람이 아니고, 그저 나쁜 짓을 했을 뿐이라는 것을 알았다. 그리고 나를 꼭 껴안아주면서 나 역시 그걸 알아주기를 바랐다. 지금도 그렇지만, 그 한순간의 연민과 공감이 나를 압도했다. 나는 내가 사랑받고 있으며 누군가와 대화를 통해 근본적으로 이해받을 수 있다는 것을 알게 되었다. 그것이 아마 내 인생을 영원히 바꿔놓았을 것이다.

팟캐스트를 하면서 내 할머니에 대한 감정이 강화되었다. 초대 손님들이 그들의 멘토에 대해 울컥하는 모습은 이런 멘토들이 우리의 삶을 얼마나 변화시키는지 알려주었다. 흔히 가장 큰 영향을 미치는 건 바로 사소한 순간들이라는 것을 강화시켜주었다.

그래서 세상 모든 멘토들에게 마음속 깊이 감사드린다.

짐

교육 시스템이 젊은 사람들과 그들의 부모에게 얼마나 많은 공백의 순간들을 쏟아내는지 놀랍기만 하다. 어려서부터 공부를 잘해서 제대로 된 학교를 골라야 한다는 부담을 진다. 그다음에는 중등교육 자격시험이 있으니 범위를 좁혀 직업 경력으로 이어질 과목을 선택할 필요가 있다. 아이들은 이런 인생의 큰 결정을 내리도록 압박을 가하기에는 터무니없이 어린 나이다. 내가 아는 어른들 대부분은 훨씬 더 나이가 들 때까지 무엇을 하고 싶은지 몰랐다. 여전히 몇몇은 그렇다. 나도 이 책을 쓰게 될 줄 몰랐다. 하지만 정말 다 괜찮다. 인생은 세상을 탐험하고 살아가면서 자기 자신을 발견하는 것이기 때문이다. 나는 사실 지인이 여행을 가거나, 스노클 강사가 되거나, 또는 대학으로 돌아가기 위해 정장을 벗고 넥타이를 풀겠다고 알리거나, 그 반대로 프리랜서 생활을 그만두고 '적합한 직장'에 들어가기로 했다고 할 때가 정말 좋다. 어른이 되어서 그런 스위치를 만드는 건 용기가 필요한 일이기 때문에 나는 그걸 매우 존경한다.

크리스 애디슨은 40대 후반으로 연예계에 몸담은 지 25년이 되었다. 우리가 그와 얘기할 때 그런 과감한 결정에 대한 이야기가 나왔다. 그는 일생일대의 결정을 되돌아보게 만들었던 옛 친구들과의 대화에 대해 이야기했다. 크게 성공한 코미디언이자 배우이자 감독인 크리스는 프리랜서 공연자의 일시적인 생활 방식에 대해 잘 알고 있으며, 여전히 가끔 돈과 미래에 대해 걱정한다고 고백했다. 그는 최근에 옛 친구들과 나눈, 그의 말로는 조금 '약간 슬픈' 대화의 맥락에서 그 말을 했다. 그들은 모두 공무원 또는 금융 같은 분야에서 확실히 자리를 잡은 친구들이었다. 어떤 사람들이 '진짜 직업'으로 묘사하는 그런 직업들 말이다.

크리스가 놀란 점은 그들 대부분이 자신의 경력에서 더 많은 위험을 감수하지 못한 것을 한탄하고 있다는 것이었다. 하지만 지금은 기본적으로 주택담보대출과 가족으로 인해 그런 도약을 하는 것은 불가능했다. 많이들 승진할 만큼 승진했기 때문에 그들은 앞으로 10년 동안 (직장에서 무슨 일을 하든지 간에) 파트너를 만나려고 노력하든지 아니면 그냥 설렁설렁 일하면서 가족과 시간을 보내든지 할 수 있다고 느꼈다. 크리스는 그런 그들에게 본인도 결코 안심할 수 없고 일이 언제라도 끊길 수 있다고 말했다. 하지만 그가 우리에게 하고 싶었던 말은 자신이 마음속 깊이 안도감을 느꼈다는 것이었다. 자신이 선택한 일을 했고, 그 선택한 일을 잘해냈다는 안도. 그러면서 그는 모든 사람이 그런 결정을 내리고 잘되는 걸 보게 되는 건 아니라고 덧붙였다.

크리스가 말하는 내내 나는 고개를 끄덕였다. (성공으로 이어지는 그런 삶의 결정에 대한 약간의 부분만 제외하고. 하지만 바라건대, 나에게 성공이 찾아오길.) 하지만 그가 가야 할 것 같은 길이 아니라, 그가 가고 싶은 길을 선택한 것에 대한 그 안도감이 나에게 크게 와 닿았다. 나는 내가 학문적으로는 꽤 평범한 아이였다고 생각한다. 학교에 많이 다니지는 않았지만, 어려움을 겪지는 않았다. 나는 운동장에서 축구를 하고 파니니 프리미어리그Panini Premier League 스티커를 교환하는 데 더 관심이 있었을 뿐이었다.

중학교 때, 나는 대부분의 학과목을 집안일처럼 취급했다. 어떤 차원에서도 재미있지는 않았지만, 그것들을 끝내야 했고 괜찮게 했다. 미술처럼 좀 더 창의적인 과목들이 괜찮긴 했지만, 나는 여전히 해가 질 때까지 공원에서 축구를 하는 것 외에는 아무것도 하고 싶지 않았다. 지금에 와서 돌이켜보니 엄마가 축구 말고 다른 것에 집중해보라고 수없이 말했을 때, 일리가 있었을지도 모른다는 생각이 든다.

내가 11개의 GSCE(대부분 C, 몇 개의 B, 그리고 이상하게도 프랑스어에서 A를 받았다)로 학교를 졸업한 것은 순전히 운과 아마도 대부분 유전 때문이었을 것이다. 여전히 축구에만 관심이 있었던 나는 6학년 때 다른 학교에 다니면서 앞서 언급한 체육(1학년 때 낙제), 세라믹스(뭔가 만드는 것을 좋아함에도, 수업 활동 때문에 1학년 때 낙제), 일반학(영 별로), 프랑스어(그럭저럭), 커뮤니케이션학(놀랍게도 좋아한다는 것을 발견)을 공부했다. 대체적으로 볼 때 A-레벨을 하는 2년간은 비참했다. 프랑스어 반에서 유일한 남학생이었던 나는 여학생들의 비호와 도움을 받으며 시간의 대부분을 학교를 피하며 보냈다. 우리 모두가 흔히 그런 건 아니지만, 그녀들은 모두 수업을 듣지 않고도 통과할 만큼 너무 공부를 잘했기 때문에 내가 학교를 빼먹는 걸 도와주었다. 재미있고 즐거운 친구들이었지만, 여러모로 큰 영향을 미치지는 못했다. 그렇긴 하지만, 그와 상관없이 나는 프랑스어 수업에 가지 않을 방법을 찾았을 것이다.

커뮤니케이션학(앞서 7장에서 말한 팰리스 팬진의 탄생지)에서는 어두운 방에 있는 단 하나의 촛불처럼 희망의 섬광이 번쩍였다. 아이들 대부분이 인도 서남부의 주 고아Goa나 브라질 같은 환상적인 곳으로 여행을 떠나던 '갭이어gap year' 동안, 나는 프랑스어 A-레벨을 재수강하고 1년 안에 전체 미디어학 A-레벨을 하기 위해 켄트에 있는 톤브리지로 갔다. 미디어학에서 A를 받고 프랑스어는 D 학점을 받았는데, 그것은 대학에 갈 수 있을 정도의 학점이었다. 그 당시 나는 내가 창의적으로 글을 쓰는 걸 좋아한다는 것을 깨닫고 잠정적으로 저널리즘 학위를 받고 일이 어떻게 흘러가는지 보기로 했다.

하지만 그때 나는 내가 무엇을 하고 싶은지 모른 채 기자는 너무 많은 일을 하는 것처럼 느껴져 선택하고 싶지 않다고 일찌감치 결정했다. 그러곤 가능한 한 축구를 많이 하려고 애쓰면서 3년을 보냈다. 나는 사우스햄튼에 있는 대학에서 떨어진 파레햄 타운Fareham Town(보호구역)에서 준프로 선수 생활도 했다. 내가 켄트에 있는 지역 신문사에서 일하면서 축구 기자가 되고 싶다고 결심한 것은 대학 졸업 후였지만 솔직히 말하면, 학위를 받든 말든 나는 그렇게 했을 것이다. 대학 진학은 내가 해야 할 일처럼 느껴졌다. 그래서 몇몇 훌륭한 친구들을 사귀고, 돈 거래 법을 배우고, 축구 감독으로 많은 시간을 보낸 것 외에는 다른 건 별로 하지 않았다.

사실, 이것은 대학 진학이 얼마나 가치가 있었는지를 알려줄 것이다. 나는 저널리즘에서 3학년을 2:2로 마쳤다. 지금까지도 그 이유를 잘 모르겠지만, 어떤 이유에서인지 트레버 맥도날드에 대한 논문을 쓰리라 결심했는데, 정말 형편없었다. 돌이켜보면 나는 훌륭한 지도를 받지 못했던 것 같다. 그러니까 나는 트레버와의 인터뷰를 시도조차 하지 않은 채 논문을 작성했다. 그건 내가 첫 번째로 했어야 한 일이었다. 솔직히, 나는 수업 활동으로 내가 뭘 하고 있는지 전혀 몰랐다. 그럼에도 불구하고 나는 대학 진학이 사회적 측면에서 나를 성장시키는 데 정말 도움이 되었다고 말할 것이다. 내가 가지고 나온 학위는 정말 논문의 가치가 없는 것일지도 모른다. 나를 알겠지만, 아마 오타투성이일 것이다. 하지만 그곳에서 나는 3년 동안 정신적으로 성장했다. 만약 그게 내가 대학에 가서 얻을 수 있는 것이라면, 그럴 만한 가치가 있었다.

그런 다음 나는 지역 언론에서 말단직을 얻기 위해 거의 1년을 노력했다. 내가 그 대학 과정 지도자에게 추천서를 써 달라고 부탁했을 때, 그는 이렇게 썼다. '제임스는 2:1로 훌륭한 자격을 갖춘 자발적인 학생이었다'. 그건 분명 오타였지만, 나는 '자, 그가 그렇게 썼으니 그냥 따라가자'라고 생각했다. 지금까지 아무도 확인한 적도 없거니와 전업으로 코미디를 시작하기 전까지 거의 10년 가까이 나는 전국 언론사에서 일했다.

〈켄트 앤 서섹스 쿠리어Kent and Sussex Courier〉의 스포츠 데스크에서 한 주간 업무 경험을 하면서, 나는 지역 축구선수들과 인터뷰하는 것이 너무 좋아서 축구 기자가 되리라 결심했다. 그 지역 신문의 스포츠 편집장을 만난 후 나는 첫 직장을 얻었는데, 그때 우리 둘 다 〈인디펜던트 온 선데이Independent on Sunday〉에서 주말 교대로 원고 편집을 했다. 그 일도 주말 편집장이 내 부모님 이웃의 사위였기 때문에 얻은 것이었다. 어크필드 지역 뉴스 기자를 뽑는다는 공고가 올라왔을 때, 그들이 단지 관심 있어 하는 자격은 학위가 아니라 NCTJ 예비시험뿐이었다. 비록 내 학위 과정에서 그 시험을 볼 수 있었지만, 나는 보지 않았다. 왜냐하면, 그것은 추가적인 일인 데다 3년 전에는 기자가 되고 싶지 않다고 확신했었기 때문이다. 하지만 나는 그 스포츠 편집장의 추천에 힘입어 취직했다.

무엇을 아느냐가 아니라 누구를 아느냐에 대해 내가 어떻게 언급했는지 기억하는가?

크리스 애디슨이 영국 교육에 관해 말하면서 또다시 정곡을 찔렀다. 우리는 선택지를 좁히는 데 너무 익숙해져서 우리에게 최소한 탐색해야 할 다른 면이 있다는 것을 종종 보지 못한다는 것이다. 그는 기회를 차단한다는 발상에는 상당히 무서운 점이 있다고 덧붙였다. 나는 아이들이 모든 과목을 공부하는 것이 불가능하다는 것을 인정한다. 하지만 나는 아주 어린 나이 때부터 진로를 결정하기 시작해야 했고, 정말 모르겠고 그 이후로도 여전히 오랫동안 모르겠어도 내가 하고 싶은 일을 골라야 했다는 것을 확실히 느꼈다.

우리 팟캐스트에서 다양한 창의적인 초대 손님들과 이야기를 나누면서, 그리고 내 경력을 통해서 확실히 배운 것이 있다. 인생은 우여곡절로 가득 차 있고 마음을 바꿔도 괜찮다는 것이다. 그리고 대학이 내가 생각했던 경험을 하게 해주지 않았다고 불평했지만, 그 시간 동안 내가 많이 성장했기 때문에 나는 여전히 대학에 간 것이

고맙다. 나는 몇 년이 지나서야 내가 배웠었다는 것조차 몰랐던 것들을 알게 되었다. 그리고 난 여전히 트레버 맥도날드를 좋아한다.

그 후 수년간 내가 어떤 '전문'적인 일을 하든 알게 된 가장 중요한 것은 최종 결정권은 나한테 있다는 것이다. 몇 년 동안 싫어하는 일을 할 수도 있고, 아니면 그만두고 다른 일을 시도할 수도 있다. 그건 자신이 결정할 문제다. 비록 내가 크리스 애디슨만큼 성공하지는 못했지만, 나는 나 자신에게 진실하고 내가 하고 싶은 것을 매번 선택했다는 것이 기쁘다. 물론 성공은 모두 상대적이긴 하지만 말이다. 나는 행복하고, 겨우 두 달에 한 번꼴로만 수입을 걱정할 정도로 형편이 좋다. 또한, 나는 다양한 직장생활을 하면서 몇몇 놀라운 일들을 했고, 보았다. 2009년 미국에서 축구 코치를 하고 돌아왔을 때, 나는 생계를 위해 보험 회사에 임시직으로 취업했는데, 그 일이 너무 싫어서 2주밖에 못 버텼다. 그때 나는 보수가 나쁘더라도 직업적으로 내가 원하는 일을 하겠다고 맹세했다. 그리고 여전히 오늘도 정확히 그렇게 하고 있으며 여전히 형편없는 보수를 받고 있다. 나는 으리으리한 집이나 멋진 차가 없다. 휴가도 많지 않다. 하지만 나는 내가 행복해하는 일을 하고 있다. 비록 학교에서는 백지 시험지와 휑한 출석 기록 같은 공백의 순간들이 많았지만, 적어도 싫어하는 과목들을 통해 내가 뭘 싫어하는지는 알게 된 것 같았다. 이것은 결국 내가 좋아하는 일을 직업으로 갖도록 이끌어주었다. 그게 학교가 해준 일이라면 나는 그것을 고맙게 여길 것 같다. 나는 결코 두 번 다시 시험지를 펴고 싶지 않다.

코미디언 레이첼 패리스는 자신이 무엇을 좋아하는지 알고 있으며, 그건 상당 부분 그녀가 성공적으로 받고 자란 교육에서 비롯되었다. 많은 코미디언들과는 다른 부분이었다.

그녀는 우리에게 교육 방식을 좋아한다고 말했다. 그게 그녀에게 효과가 있었었다. 게다가 그녀는 그 체계를 공연에 사용하고 있다. 그녀는 코미디계에서 코미디언이 정규 교육에서 긍정적인 경험을 한 것은 이례적인 일이라고 말했다. 왜냐하면, 너무 많은 코미디언이 본인을 스스로 반항적인 사람으로 분류하곤 하기 때문이다. 하지만 레이첼은 그녀처럼 비록 반항적인 코미디 '규범'과는 맞지 않더라도 자신만의 방식으로 코미디를 하는 코미디언들이 더 많다는 것을 알게 되어 기뻐한다.

그녀에게 〈에든버러 쇼〉 대본을 쓰는 일은 학교 공부와 거리가 먼 것이 아니다. 거기에 필요한 체계는 정말 좋은 영어 에세이를 쓰는 것과 같기 때문이다. 당신의 일에서 전달하고자 하는 메시지가 있다면, 그 메시지를 이해하고 표현하는 것은 많은 학교 공부의 기본이다. 코미디 대본을 쓰는 일에 있어서 이러한 학문적인 측면은 레이첼의 흥미를 일으켰는데, 그것이 그녀가 어렸을 때 잘했던 것이기 때문이었다.

여기서 그녀의 말이 이해될 것 같다. 코미디언 대부분은 대본 쓰는 측면을 좋아하고, 어떤 코미디언들은 다른 것보다 공연하는 것을 더 좋아할 거라 확신한다. 대본을 쓰면서 내가 학교 공부를 하는 것 같은 느낌이라고 언급할 때마다, 그건 항상 부정적인 식이었는데, 나는 종종 글쓰기가 숙제나 학교 프로젝트를 생각나게 한다는 것을 발견한다. 분명히 레이첼은 성공적으로 잘 보낸 학창시절을 코미디 대본을 쓰는 데 풀어낼 수 있을 것이다. 나는 가끔 글쓰기가 즐겁지 않다는 죄책감이 들 때가 있는데, 그것은 내가 형편없는 과제를 제출하거나 안 좋은 성적을 받았던, 학교에 대한 나쁜 감정에서 비롯된 것이다. 당시 나는 선생님을 실망시킬 것 같은 느낌을 받았다. 그런 만큼 지금은 형편없는 글을 쓰면 스스로 실망할 것 같다.

하지만 나는 틀림없이 학교에서 뭔가를 배웠을 것이다. 글쓰기의 기초. 마감일은 사실 내가 뭔가를 끝내도록 밀어붙이는 데 도움이 된다는 사실. 다른 사람들과 함께 일하는 것은 때때로 내가 즐기는 것이라는 사실. 모두 그렇게 나쁘진 않았다. 왜냐하면, 나는 온종일 축구를 하고 싶었음에도 수업에 들어갔고, 분명히 그 과정에서 몇 가지 학구적 특징을 확실히 익히게 되었기 때문이다.

우리가 모두 교육에서 배운 것을 우리 직업에 적용하는 것은 재미있는 일이다. 나는 학교에서 배운 것을 성인이 되어서 사용할 거라고는 전혀 생각하지 못한 사람이었다. 피타고라스의 정리? 의미 없다. 나는 그동안 내게 필요한 것은 내가 알아봐야 한다고 생각했고, 솔직히 주로 그렇게 해왔던 것 같다. 하지만 초대 손님들이 그들의 교육과 학교 경험에 대해 이야기하는 것을 들으면서, 나만 방황하고 내가 할 수 있는 것을 했던 건 아니란 사실을 알게 되었다. 성공 정도가 다를 뿐, 우리 모두 성공한 것이다.

학교 교육의 또 다른 이점은 별수 없이 그저 머리를 숙이고 공부만 하면 된다는 점이다. 그런데 이는 많은 코미디언과 출연자들이 그들의 경력에서 성공하는 방법이다. 무슨 일이 있어도 그냥 계속 그 일을 하는 것. 팟캐스트에 출연한 스탠드업계의 전설이자 베테랑인 한 코미디언은 코로나19 봉쇄 전까지 22년간 한 달 이상 공연을 쉰 적이 없었다. 그저 해야 할 일을 하는 그 끈질긴 추구는 순수한 학교 공부와 같다.

나는 사실 열심히 일하는 것을 좋아한다. 하지만 대부분 가면 증후군 느낌 때문에 그와 같은 식으로 코미디에 접근하지 않았다. 그런데 그 코미디언은 그것이 자신이 항상 해온 방식이라고 말했다. 내가 그건 학창시절의 사고방식이 아닌가, 하고 다시 의심하니까 그 역시 내가 아마 코미디를 할 만큼 충분히 상처받지 않은 것 같다고 농담했다. 그건 아마도 내 상담사가 풀어야 할 숙제가 될 것이다. 정말 고마워요!

10장

뇌 휴식

내 인생에서 내가 한 모든 긍정적인 변화는 행동을 수반했다. 당신은 더 나은 삶의 방식을 생각할 게 아니라, 더 나은 사고방식으로 삶을 살아야 한다.

_ **마커스 브릭스토크**Marcus Brigstocke

자일스

21세기에 '뇌 휴식'은 도전적인 명제다. 나는 이 책을 쓰면서 내가 이메일, 소셜 미디어, 퀴즈 웹사이트, 스포티파이, 그리고 연 기억조차 없는 다수의 웹페이지 등 대략 12개의 브라우저를 열어놓은 것을 발견했다. 언제라도 나는 곧 글쓰기를 중단하고 마우스를 움직여 하나 이상의 창을 클릭하리라는 것을 안다.

나는 45분 전에 글을 썼다!

코미디 시리즈 〈가빈과 스테이시Gavin and Stacey〉에 보면, 한 무리의 등장인물들이 크리스마스를 즐기기 위해 배리 아일랜드에서 빌러리키로 여행하는 멋진 한 장면이 있다. 그들은 휴식을 취하기 위해 고속도로 휴게소에 멈췄고, 버스 기사 데이브는 레이싱카 아케이드 기계 앞에 앉아 게임을 하며 운전하다 쉬는 시간을 가지면 너무 좋다고 말한다.

이것은 내가 보통 소셜 미디어와 인터넷을 보는 것과 약간 비슷하다. 기분 전환인 건 맞지만, 실제로 뇌 휴식은 아니다.

우리는 아니라고 생각하는 순간에도 항상 생각하고 있다. 우리의 휴대전화와 컴퓨터에는 끊임없이 알림이 들어온다. 연구에 따르면 우리는 매 6분마다 휴대전화를 확인한다. 즉, 12시간 동안 거의 120회 정도 확인한다고 하는데, 이 수치는 글로 보면 꽤 주목할 만할 것이다.

앞서 4장에서 다루었듯이, 트위터와 같은 플랫폼이 근무 중에 우리에게 한숨 돌리게 해준다는 생각은 완전히 착각이다. 이 플랫폼들은 좋은 이유로든 나쁜 이유로든 우리의 뇌를 혹사하고, 우리 내부에서 화학적 반응을 유발한다고 말할 수 있다.

뇌가 항상 활동하고 있다는 주제로 우리가 블랭크 팟캐스트에서 처음 이야기를 나눈 사람은 시나리오 작가 워런 더들리였다. 그는 일 때문에 가족 경조사를 놓쳤던 경험을 너무도 잘 알고 있었기 때문이었다.

워런은 자신에게 일은 시작이나 끝이랄 게 없이 그냥 항상 하는 것이라고 설명했다. 때때로 그는 대략 오후 8시경에 업무용 뇌를 껐다가 아침에 다시 켤 수 있는 스위치가 있었으면 좋겠다고 희망한다. 워런이 이 스위치의 필요성을 가장 많이 느끼는 순간은 딸과 함께 보내는 시간이다. 그는 이 시간에 충실하려고 노력한다. 하지만 워런은 딸과 같이 영화를 다 보더라도 그 줄거리에 대해 하나도 자세히 말할 수 없었다. 그는 자신이 스크린을 쳐다는 보겠지만, 거의 항상 자신의 창작 작업에 대해 생각하고 있을 거라고 고백했다. 최근에 그는 끊임없이 자신과 프로젝트, 대본과 스토리에 대해 생각하는 것을 멈추고, 대신 어떻게 뇌를 쉬게 할지 생각하고 있다.

그 당시에는 그의 인정이 용감한 일처럼 느껴졌지만, 요즘은 다들 그렇다. 많은 사람이 말하는 것처럼, 바쁘다. 혹시 우리 삶의 속도가 빨라져서 이렇게 된 걸까? 우리는 짧게 휴식하고 점점 더 긴 시간 일한다. '9시 출근, 6시 퇴근' 모델은 매년 서서히 사라지고 있다.

우리의 머리는 종종 엄청난 수의 창이 열려 있는 내 브라우저와 매우 흡사한 상태다. 어떻게 하면 이 창들을 닫고 에너지를 덜 쏟아, 결국 생산성을 향상시키거나, 심지어 이따금 실제로 긴장을 풀 수 있을까?

싱글태스킹SINGLE-TASKING

2001년 미시간 주립대학교 연구원들은 주의 산만이 학생들의 공부를 어느 정도 방해하는지 알아보기 위해 실험을 했다. 참가자들은 컴퓨터로 일련의 과제를 수행해야 했지만 팝업 창이 여러 번 떠서 방해를 받았다. 참가자들은 하던 일로 돌아가려면 이 팝업 창에 코드를 입력해야 했다. 2.8~3초마다 발생한 방해는 그들의 과제 오류율을 두 배로 증가시켰고, 4초 간격의 방해는 오류를 3배로 증가시켰으며, 어떤 경우에는 4배로 증가하기도 했다.

그럼 우리는 왜 여러 가지 작업을 동시에 하는 걸까? 인간으로서, 우리는 흔히 멀티태스킹을 하는 동안 상당히 의기양양해하고 자기 자신에게 만족감을 느낀다. 우리는 TV를 보면서 트위터를 쳐다보고 그 와중에 또 이메일을 읽으면서 왓츠앱WhatsApp을 확인할 때 아주 많은 것을 성취하고 있다고 느낀다. 심지어 멀티태스킹의 왕처럼 느낄지도 모르겠다. 하지만 우리는 진짜 확신이나 집중력을 가지고 그 어떤 일도 거의 하지 않고 있는 것과 같다. 그것들이 아무리 우리를 우쭐대게 해주는 것 같아도 말이다.

과학적으로, 우리의 두뇌는 멀티태스킹을 전혀 할 수 없다는 것이 밝혀졌다. 사실, 멀티태스킹은 뇌 '분열'의 원인이 된다. 왜냐하면, 뇌는 각 활동 사이를 왔다 갔다 하며 '집중조명'해 다양한 과제에 대처하려고 하기 때문이다. 가장 큰 타격을 주는 것이 바로 이 전환이다. 뇌는 그것을 처리해낼 수 없다.

일부 연구원들은 우리의 뇌가 적응해 한 번에 하나 이상의 일을 처리할 수 있는 새로운 방법을 찾을 거라 생각하기도 했다. 하지만 이는 사실이 아닌 것으로 판명되었다. 스탠퍼드대 클리퍼드 나스 교수가 수행한 여러 실험에서 멀티태스킹을 하는 참가자들은 관련 없는 정보를 걸러내는 걸 아주 잘하지 못했다. 그리고 그들의 성과는 단일 과제를 수행한 참가자들에 비해 심각하게 떨어지는 것으로 증명되었다. 뿐만 아니라 런던 대학의 정신의학 연구소의 연구원들은 전자 매체를 사용하는 멀티태스킹이 실제로 한 영국 회사 직원들의 IQ를 그들이 담배를 피웠거나 하룻밤 잠을 못 잤을 때보다 더 많이 감소시켰다는 것을 발견했다.

그렇다면 어떻게 멀티태스킹 습관을 바꿀 수 있을까?

한 가지 간단한 방법은 브라우저에서 창 하나만 여는 것이다. 이렇게 하면 한 번에 하나의 온라인 작업을 처리할 수 있다. 고려해볼 만한 또 다른 사항은 매일 밤 다음 날 할 일 목록을 작성하고 진행해가면서 하나씩 체크 표시를 하는 것이다. 이것은 당신이 앞을 향해 나아가는 좋은 일상을 만드는 데 도움이 될 것이다.

작업하다가 규칙적으로 (화면 없는!) 휴식을 취하면 뇌가 좀 숨을 쉴 수 있고 당신은 다시 집중할 수 있다. 그리고 무엇보다도 꼭 필요하지 않다면, 휴대전화를 꺼야 한다!

한 가지 일에 전념하는 것이 처음에는 이상하게 느껴지겠지만, 일단 얼마나 더 생산적일 수 있는지 깨닫고 나면, 혁명적으로 느껴질 것이다. 더불어 당신의 불쌍한 뇌에 충분히 누려 마땅한 휴식을 줄 것이다! 실제로 그것에 대해 생각해보면 결론은 꽤 명확하다. 우리는 우리가 씹을 수 있는 양보다 더 많이 먹어서는 안 된다.

그리고 클리퍼드 나스 교수는 나처럼 일하는 동안 음악 듣는 것을 좋아하는 사람들에게 희소식을 전했다. '음악의 경우는 조금 다르다. 우리 뇌에는 음악을 전담하는 부분이 있기 때문에, 우리가 다른 일을 하는 동안에도 음악을 들을 수 있다.'

휴!

때때로 우리는 일이 바빠서, 자신이 하는 일, 특히 자신이란 존재의

큰 부분을 차지하고 있는 일에서 시간을 뺀다는 생각은 거의 불가능해 보인다는 것을 발견한다. 우리는 코미디언이자 배우인 루퍼스 하운드와 이에 대해 토론을 벌였는데, 그가 극장 일을 한다는 것은 종종 큰 행사를 놓치는 거란 의미다. 루퍼스가 우리에게 말한 것처럼, 라이브 공연은 보통 다른 사람들이 일하고 있지 않을 때 생긴다. 그래서 그는 다른 모든 사람이 활동하고 있을 때는 일을 쉬면서 일 외적인 것들을 한다.

사람들이 생일 파티나 결혼기념일, 성인식, 약혼 파티, 아기 성별 확인 파티에 루퍼스를 초대하면, 어떤 경우라 해도 그는 일하고 있을 거라 참석하지 않는 경우가 다반사일 것이다. 조금 이상한 상황이긴 하다. 왜냐하면 그가 사랑하고 존경하는 사람들의 의미 있는 순간들을 축하하면서 애정과 사랑이 감도는 곳에 있기보다, 대신 다른 곳에서 낯선 사람들의 인정을 받으려 애쓰고 있으니 말이다.

나는 루퍼스의 말에 완전히 공감했다. 나는 너무 오랫동안 컴퓨터 앞에 앉아 글을 쓰거나 공상에 잠겨 있거나 워런처럼 끊임없이 아이디어와 프로젝트를 생각해내느라, 내가 아끼는 사람들과 함께 있지 못했다. 그래서 노력 중인데, 싱글태스킹 개념이 내 개인 생활에도 도움이 될 수 있다는 것을 깨달았다. 한 번에 하나의 일을 하면 멀티태스킹을 하느라 온전히 함께 있지도 못하는 자일스, 즉 나 자신을 상대하지 않아도 되고, 대신에 내 주변 사람들에게 시간을 할애하고 집중할 수 있기 때문이다.

짐

창의적인 사람이 뇌 스위치를 완전히 끄기란 어려운 일이라고 생각한다. 우리는 얼마나 많은 창의적인 사람들이 뇌가 끊임없이 윙윙거리며 활동하는 통에 불면증에 시달리는지 들어봤다. 또한, 씻거나 샤워하는 등 일상적인 일을 할 때 어떻게 갑자기 최고의 아이디어가 나올 수 있는지 들어봤다. 글을 쓰거나 공연하는 직업을 선택한다는 것은 좀처럼 쉴 수 없다는 의미다.

크리스 애디슨의 말을 인용하자면, '진짜 직업'을 가진 사람들은 퇴근해 서류 가방을 닫고(사람들이 여전히 서류 가방을 사용하나?) 기차나 자동차를 타고 집에 가서 그들의 일을 잊어버릴 수 있을지도 모른다. 그들은 가족과 함께 근사한 저녁을 먹고, 아이들에게 잠자리 동화책을 읽어주고, 배우자와 소파에 앉아 멋진 와인을 한잔하면서 그들이 가장 좋아하는 넷플릭스 프로그램을 즐길 수 있을 것이다. 와, 그거, 참 놀랍게 들리는데. 나는 왜 그런 삶을 선택하지 않았을까?

당신이 아마 특별히 자극적이지 않은 '평범한' 일을 하고 있다면, 공상에 빠져 창밖을 바라보고 있는 자신을 발견하게 될 수도 있다. 그러면 아마도 상사한테 근무 시간에 멍때리고 있다고 혼이 날 수도 있을 것이다. 하지만 나나 수많은 다른 창작자들에게 공상은 우리가 하는 일의 중요한 일부다.

나는 〈스크럽스Scrubs〉라는 TV 프로그램을 정말 좋아했는데 모두에게 'J. D.'로 알려져 있는 주인공 존 도리안 박사에게 너무나 공감했기 때문이다. 너무 많이 공감한 나머지, 이 시트콤을 보기 시작하고 나도 그 머리글자들을 가지고 있다는 것을 알게 된 후부터는 모든 사람한테 나를 J. D.로 부르라고 강요하기 시작했다. 그리고 그건 지금까지도 떨쳐버릴 수가 없다. 그에게는 무계획성, 달콤하지만 순진한 삶에 대한 접근, 그리고 그의 머리카락에 대한 집착이 있었는데, 이것들 또한 내가 오랫동안 공유했던 특성들이다.

J. D.는 강렬한 공상에 빠져드는 버릇이 있는데, 대개는 장면 전환 형태로 어떤 엉뚱한 행각이나 계속 늘어나는 당황스러운 순간들의 기억들(우리 둘이 공유하는 다른 것)을 상상한다.

곧 발견하게 되겠지만, J. D.는 실제로 정신질환이 있을 수도 있다. 그가 의사라는 사실을 직시하면, 그는 아마도 그걸 알아야 할 것이다.

팟캐스트에서 피오나 머든은 우리가 평균적으로 시간의 50%를 공상에 빠져 보낸다고 말했다. 그녀는 딴생각하는 것, 심사숙고하는 것, 그리고 계획을 세우는 것이 거기에 포함될 수 있다고 말했다. 그것들은 모두 중요하다. 사실, 나는 이 부분을 쓰면서 공상이 뇌와 창의력에 어떻게 영향을 미치는지에 대해 생각해보기 시작했다. 그런데 내가 공상에 대해 공상하고 앉아 있는 바람에 글쓰기가 두 배나 더 오래 걸리고 있다는 것을 알았다. 공상은 믿을 수 없을 정도로 강력한 집중 방해 요소다. 너무 강력해서, 사실, 그것은 실제로 어떤 사람들의 삶을 장악할 수도 있다….

나는 공상을 많이 하지만, 보통 5분에서 10분 동안 다른 세계로 빠져들다가 재빨리 벗어나서 다른 건 아무것도 생각하지 않는다. 하지만 어떤 사람들에게 공상은 단순히 근무 중이거나 일상적인 일과 중에 그저 1~2분 정도 그들의 주의를 산만하게 만드는 정도가 아니다. 정도가 지나치면 사실 부적응성 백일몽Maladaptive Daydreaming, MD이라 불리는 상태가 되는데, 그 상태는 극심하게 위험하다.

2002년 이스라엘 하이파 대학의 엘리 소머Eli Somer 교수가 밝혀냈지만, 아직 공식적으로 정신질환으로 분류되거나 치료방법은 없다. 그 때문에 부적응성 백일몽의 원인과 영향은 여전히 연구되고 있다. 그렇게 하는 것은 완전히 새로운 세상으로의 문을 여는 것과 같다.

제인 비겔슨Jayne Bigelsen은 2015년《더 애틀랜틱The Atlantic》잡지에 이 상태에 대한 자신의 경험들을 썼는데, 그 횟수가 많은 것 같다. 보통 사람은 친구나 상황, 물질적인 대상에 대해 약간의 공상을 할 수도 있다. 반면, 제인은 구상에 몰입해 전체 영화 시나리오와 완성된 등장인물들을 상상할 것이다. 대학을 포함해 학창시절 동안 그녀는 평범한 일상생활에서 벗어나 자신의 내면세계로 다시 파고들 핑계를 찾곤 했다. 선생님이 답을 설명하는 데 시간이 걸릴 수 있도록 의도적으로 복잡한 질문을 수업 중에 던져놓고 자신은 공상에 빠져 있기도 했다.

몰입적인 공상이 그녀의 삶을 장악하기 시작해서 그녀는 같은 인물들과 상황들을 다시 찾곤 했다. 종종 손에 땀을 쥐게 하는 상황들로 끝마치는 다음 주용 무삭제 방송분을 실행하기도 한다. 긍정적으로 설명하자면, 그녀는 분명히 아주 아주 창의적인 사람이지만, 이 정도의 창의력은 그녀의 삶에 방해가 된다는 것을 알게 되었다. 그녀는 어렸을 때부터 이런 강렬하고 생생하며 완전 소모적인 공상에 시달려온 탓에 a) 심지어 그런 것도 있고, b) 그것으로 고통받는 다른 사람들이 있다는 것을 알아내는 데 평생의 연구가 필요했다. 1990년대 후반, 열두 살 때는 그것 때문에 꽤 외로웠다. 하지만 지금은 와일드 마인즈 네트워크Wild Minds Network와 같은 온라인 지원 단체들이 있고, 수천 명이 그들의 경험을 공유하고 서로에게 조언해주며, 때때로 과학이 따라잡지 못할 정도로 매우 빠르게 이 질환을 이해하려고 노력하고 있다.

그 포럼을 방문한 사람들은 일자리를 잃거나, 좋은 관계를 맺기 위해 고군분투하거나, 아니면 심지어 공상에 집중하려고 인간과의 접촉을 아예 피한다고 보고한다. 어떤 사람들은 자살을 생각하기까지 한다. 부적응성 백일몽이 사람들이 말하는 뭔가가 되기까지 너무 오랜 시간이 걸렸다는 사실은 얼마나 많은 의료계 종사자들이 이러한 증상들을 선불리 평가절하했는지를 보여준다. 심지어 지금도, 보통 사람들은 종종 우리의 뇌가 얼마나 강력한지 과소평가할 수 있다. 내가 그런 경우다. 우리는 우리의 뇌가 매일 하는 어마어마한 활동량이나 그것이 우리 몸으로 보내는 수천 가지의 인지 명령을 당연하게 받아들인다. 그래서 뇌가 과부하에 걸려 우리에게 거의 가상현실을 경험하게 할 때면, 우리는 그걸 올바르게 인식하지 못할 수도 있다. 또는 어떤 사람들에게는 그것이 심신을 약화시키는 질환이 될 수도 있다.

제인은 MD를 더 잘 이해하려는 방법으로 자신을 연구 사례로 활용했다. MRI 스캔 결과, 부적응적 몽상가가 공상에 잠기기 시작할 때, 알코올 중독자가 위스키병을 보았을 때 불이 켜지는 것과 같은 뇌의 부분이 활성화되는 것으로 나타났다. 공상은 제인에게는 마약이 되었고, 그녀의 중독은 점점 더 강해지고 있었다. 하지만 나는 이것이 두려워할 만한 것은 아니라고 생각했다. 제인 역시 그녀의 글에서 그렇게 결론을 내렸다.

2010년 브리티시 컬럼비아 대학의 연구원 로저 프리먼Roger Freeman은 '상동증적 운동 장애 : 쉽게 놓침Stereotypic Movement Disorder : Easily Missed'이라는 제목으로 학회지 논문을 발표했는데, 부모나 교사가 비정상적인 반복 동작에 대해 우려를 표했던 42명의 아이에게 초점을 맞춘 것이었다. 아이들에게 무슨 일이 일어나고 있는지 물었을 때, 83%의 아이들이 머릿속에서 이야기를 반복하고 있다고 답했다. 의료 전문가들의 최초 반응은 이를 해결할 방법을 찾으려는 것이었다. 하지만 아이들은 이야기를 즐긴다고 전했고, 프리먼은 이를 좀 더 철학적으로 바라봤다. 그는 '많은 아이가 이미 창의적이었다'라고 언급했다. '우리는 창의성을 뿌리 뽑길 원하는가, 아닌가?'

제인과 J. D.에 대해 얘기하는 건 당신에게 겁을 주기 위해서가 아니라 뇌가 존중받아야 할 기관이라는 것을 이해시키기 위해서다. 우리는 피오나에게서 조금 더 잠을 자면서 뇌를 돌보는 방법의 이야기를 이미 들었다. 그렇게 하지 않으면 뇌가 고장 나거나 과부하가 걸릴 수도 있기 때문이다. 우리의 뇌는 우리에게 가장 좋은 것이자 가장 나쁜 것이기도 하다. 여러 면에서 우리 뇌는 집안의 가보와 같다. 그 때문에 가보처럼 다뤄져야 한다. 부적응성 백일몽에 대해 배우고 피오나와 팟캐스트에서 이야기를 나눈 후, 나는 확실히 내 뇌를 더 돌봐야 한다는 것을 깨달았다. 뇌가 그렇게 강력할 수 있다니, 부적응성 백일몽에 대해 생각하면 무섭다. 그것은 우리에게 매우 강력한 도구가 주어져 있다는 것을 상기시켜주지만, 노트북처럼 고장 나면 우리는 모든 것을 잃게 된다. 만약 내가 내 뇌를 더 잘 돌본다면, 내 뇌도 나를 돌봐줄 것이다.

하지만 휴식이 필요할 때 우리는 뇌가 윙윙대는 소리를 실제로 어떻게 멈추게 할까? 실제로 어떻게 스위치를 끌까? 피오나가 팟캐스트에 출연했을 때, 우리는 우리 뇌를 더 잘 다루는 방법을 더 많이 알아보는 기회를 놓치고 싶지 않았다.

피오나는 우리 뇌는 매우 바쁘고 삶은 너무 혼란스럽기 때문에 뇌를 초기 설정으로 복원하는 기회를 제공하려는 노력이 정말 중요하다고 말했다. 우리가 그렇게 할 수 있는 한 가지 방법은 마음챙김이다.

마음챙김은 당신이 현재의 순간에 감지하고 느끼는 것과 연결하고, 과거나 미래에 대한 생각이나 걱정으로 산만해지지 않는 연습이다.

우리는 주로 명상을 통해 이 연습을 한다. 피오나는 마음챙김의 열성팬이며 인간으로서, 심지어 심리학자들조차도 우리의 마음을 효과적으로 다루는 법을 제대로 배우지 못했다고 덧붙였다. 그녀는 모든 교육을 받았음에도 자신이 아는 것이 거의 없다는 것을 알아차리고는 놀랐다고 했다. 더 많이 알면 알수록 점점 더 모른다고 말했다.

나는 마음챙김을 연습하지 않는다. 피오나가 한 말은 모두 이해되었지만, 나는 항상 '그래, 훌륭해, 하지만 그럴 시간이 없어'라고 말하는 사람이었다. 필요한 시간이 말 그대로 몇 분일지라도 말이다. 비록 트위터나 페이스북처럼 무의미한 것들이라 할지라도, 뭐든 몰두하는 것에서 벗어나면 내가 뭔가 놓치고 있는 것처럼 느껴진다. 물론 아니지만, 나는 항상 고립공포감이라고 하는 포모증후군FOMO, Fear Of Missing Out을 갖고 있다. 좋은 기회를 놓칠까 봐 마음이 불안한 것이다. 피오나는 마음챙김은 뇌 운동과 같다고 설명했다. 그것은 우리가 제대로 기능하도록 연결되어야 하는 뇌의 부분들을 연결하는데, 나는 마음챙김 연습을 하지 않으니까 기본적으로 내 뇌에 필요한 훈련 없이 기능하도록 요청하고 있는 셈이다. 마치 1년 동안 공을 차지 않고 월드컵 결승전에 나가려는 것과 같다.

우리가 TV 코미디의 전설 존 로이드를 인터뷰했을 때, 그는 마음챙김이 자신에게 얼마나 도움이 되었는지 말했다. 그는 텅 빈 상태의 긍정적인 본보기로 명상을 얘기했다. 또한, 어떻게 그것이 생각하지는 않지만, 의식하고 있는 지점에 도달하려는 노력인지 말했다. 잘 알고 있는 고속도로를 따라 운전한다고 상상해보면, 갑자기 깨어나 보니 이미 24번 출구에 와 있는 것과 같다. 당신의 몸은 실제로 당신이 알지 못하는 상태에서 운전하고 있는 셈이다. 그러니까 당신은 의식이 있지만, 무엇을 하고 있는지는 생각하지 않는 것이다.

존은 우리에게 마사 리브스Martha Reeves 수녀의 이야기를 들려주었다. 그녀는 몇 년 동안 매 여름 알래스카 해안으로 이동해 자신의 물고기를 잡으며 혼자 살았고, 겨울에는 옥스퍼드에서 채색된 중세 필사본 작업을 하며 보냈다. 존은 그녀가 믿기지 않을 정도의 사람이라고 말했다. 그녀는 존에게 자신의 책《침묵 : 사용 설명서Silence : A User's Guide》에 명시한 대로 침묵을 신뢰하고 사람의 마음속 고요함에 접근하는 것은 귀중하다고 말했다.

피오나의 말처럼, 대부분의 마음은 쓸데없는 재잘거림으로 가득하다. 꼭 당신 머릿속에서 원숭이가 시끄럽게 꽥꽥거리는 것처럼, 과거를 돌아보고 수치심과 당혹감에 연연하며 미래를 걱정한다. 존은 우리에게 뇌는 미국 경제보다 더 복잡하며, 아마존 열대우림에 있는 나무보다 뇌에 있는 세포가 더 많다고 말했다. 뇌가 하루에 연결되는 횟수는 적을 수 없을 정도로 어마어마하다. 그런데 우리는 뇌를 무엇에 사용하고 있는가? 대부분 말도 안 되는 것들에 쓰고 있다.

존은 바로 휴대전화를 꺼내 그의 '기술의 역법칙Inverse Law of Technology'에 대해 얘기했다. 통신기기가 정교할수록 전송되는 정보는 지극히 더 평범하다는 것이다. 그는 사람들이 휴대폰으로 아침 식사용 달걀 사진을 공유한다고 말했다. 놀랍고 경이로우며 중요한 일을 할 수 있는 휴대폰으로 말이다.

뇌도 똑같다. 훌륭한 교향곡과 연극 대본을 쓰고 다른 놀라운 것들을 얼마든지 창조할 수 있지만, 이 창의성은 일상적으로 질척거리는 평범한 것들에 의해 막힌다. 존은 덧붙여 말했다. 그 모든 재잘거림은 우리를 어리석게 만들려고 있는 것이지만, 명상은 그 모든 것을 깨끗하게 정리하고 중요한 것으로 돌아가게 한다고. 바로 살아 있는 것, 숨 쉬는 것이다. 이어서 그는 처음에는 명상에 대해 회의적이었다고 했다. 하지만 그것은 마음에는 휴가였고, 특히 창의적인 마음 상태로 준비하는 데 엄청나게 도움이 되었다는 것을 알게 되었다고 말했다.

뇌는 다른 근육과 같다. 뇌 운동을 해야 한다. 피오나는 명상이 뇌의 전두엽과 우리의 감정 센서 사이의 신경 연결을 강화하는데, 이는 우리가 감정을 더 쉽게 다스릴 수 있게 해준다고 설명했다. 만약 우리가 그 연결을 강화할 수 있다면, 그것을 통해 우리는 뇌의 더 원시적인 부분을 억제할 수 있다. 피오나는 자신이 심리학자면서도 뇌를 제대로 대하지 않거나 필요한데도 돌보지 못하고 있다고 했다. 그녀는 모든 것이 가느다란 선처럼 아슬아슬하다고 덧붙였다. 정신 건강은 아슬아슬한 가는 선처럼 차이가 미세하다. 당신이 자아도취적인 사람인지 아니면 단순히 자신만만한 사람인지는 종이 한 장 차이다. 당신이 가면 증후군인지 아니면 단지 자신감이 부족한 건지는 종이 한 장 차이이다.

나는 '아슬아슬한 가느다란 선'이라는 표현을 들으면, 2008년 다큐멘터리 〈맨 온 와이어Man on Wire〉의 필립 프티Philippe Petit처럼 협곡

위나, 아니면 두 고층 건물 사이에서 줄타기하며 균형을 잡는 사람을 생각하곤 한다. 이는 대부분 내가 정신건강을 보는 방식이다. 당신은 잡아줄 안전망도 없이 저 위에서 모든 짐을 짊어진 채 절망의 구덩이 속으로 떨어지지 않고 그 가는 줄을 타고 한쪽에서 다른 쪽으로 가려고 노력한다. 숙련된 심리학자가 기본적으로 같은 말을 하는 걸 듣는 일은 재미있다. 성격 특징과 정신 상태 사이는 아슬아슬한 가는 선처럼 미세한 차이, 그러니까 종이 한 장 차이란 것이다. 그 말을 들으니 내가 이미 알고 있었다고 생각한 것을 제대로 인식할 수 있었다. 두뇌는 섬세한 기계다.

우리는 뇌에 너무 많은 정보를 쏟아붓는다. 뇌는 창작 대본이나 수상 소설 또는 우리가 제작하려는 모든 것을 출력하게 하려고 애쓴다. 하지만 기계 자체가 고장 나면, 결코 아무것도 출력할 수 없을 것이다.

나는 내 뇌를 정말로 돌본 적이 없는 것 같다. 그 결과 창의력과 정신건강에 많은 문제가 생겼다는 것을 깨닫기 시작했다. 이 모든 것은 우리 뇌의 배선으로 시작하고 끝난다. 그러므로 우리가 이따금 진정으로 스위치를 끄고 뇌를 휴식할 수 있다면, 뇌는 더 잘 기능할 것이다. 우리는 더 나은 것들을 창조하고 더 나은 사람이 될 수 있을 것이다.

11장

대화의 힘

"당신이 사람들의 말을 끝까지 듣는 이유는, 당신의 삶을 바꿀 단 한 가지를 제외하고는 그들이 전적으로 모든 것에 대해 틀릴 수 있기 때문이다. 그래서 당신이 그들의 말을 끝까지 듣는 것이다."

_ **산지브 바스카**Sanjeev Bhaskar

자일스

나에게 있어서 대화는 나와 다른 사람과 함께 생각하고, 공통점을 찾으며, 차이점을 발견하고 서로의 삶에 의미를 부여하는 시간이다.

우리가 팟캐스트를 시작하기 전에, 나는 새로운 사람들과 소통하는 데 있어서 길을 잃었었다. 나는 내가 같은 말만 메아리처럼 울려 퍼지는 나만의 반향실과 핵심 그룹 안에서 안전하게 머물고 있다는 것을 확인했다. 그곳에 다가가 변화하고 싶다는 게 이 팟캐스트 개념의 일부다. 새로운 사람들과 새로운 대화를 하고, 내 반향실 너머로 이동하고, 그리고 바라건대, 그 당시 내 삶에서 끊임없이 발생하던 공백의 순간들을 피할 수 있는 몇 가지 전술을 찾는 것 말이다.

어떤 식으로든 내가 대화주의자라고 말하지는 않겠다. 나는 마크 마론, 조 로건, 애덤 벅스턴과 같이 최근 팟캐스트의 경계를 넓히는 사람들을 대단히 존경한다. 인터뷰가 아니라 대화가 왕인 '더 리시츠The Receipts', 돌리 앨더턴Dolly Alderton과 판도라 사익스Pandora Sykes의 '더 하이 로우The High Low', 더 스커미 마미즈와 같은 팟캐스트를 좋아한다. 짐과 내가 처음부터 하고 싶었던 것이 바로 그거다. 사람들을 인터뷰하기보다는 대화를 나누고, 정해진 계획을 갖기보다는 대화의 조력자가 되는 것 말이다.

몇 회 방송만에 대화가 진정 얼마나 강력한지, 생각과 아이디어를 공유하는 것이 우리에게 얼마나 영감을 주고 자유롭게 해주는지, 그리고 다른 사람들과의 연결이 얼마나 자극이 되고 삶을 긍정하게 해주는지 분명히 알았다. 우리는 우리만의 치료법, 교육법, 귀중한 데이터를 수집하는 싱크탱크를 발견했다.

우리는 사회적 동물이고 사회적인 건 우리에게 좋다. 심지어 긴 수다를 떠는 것이 몇 분간 산들바람을 쐬는 것보다 훨씬 더 유익하다는 것을 보여주는 연구 결과도 있다. 애리조나 대학의 마티아스 멜 교수와 그의 팀은 행복well-being과 대화 사이의 연관성에 대한 연구를 수행했다. 이 연구는 짧은 시간 동안 다른 사람들과 말만 한 사람들보다 더 길고, 더 깊이 있는 대화와 토론을 한 참가자들이 전반적으로 더 행복하다는 것을 보여주었다. 멜 교수는 "실질적인 대화에서는 현실적이고 의미 있는 정보가 교환된다. 중요한 것은, 정치, 관계, 날씨 등 어떠한 주제에 대해서라도 보통 수준 이상의 깊이만 있으면 된다"라고 언급했다. 그리고 생각해보면 진짜 그렇다. 우리는 표면적인 수준을 넘어선 것들을 이야기할 때, 훨씬 더 강한 관계를 수립

하고 더 많은 신뢰를 구축한다. 나는 심지어 더 깊은 대화가 때로는 아주 신날 수 있다고까지 말하곤 한다.

블랭크 팟캐스트에 관련된 경우, 우리는 종종 그 시간 이상에 걸쳐 초대 손님들과 더 깊은 관계를 맺어 그들이 어떻게 사는지를 정말로 알 수 있다. 또한, 그들의 공백의 순간은 무엇이었는지를 기본적으로 발견할 수도 있다. 그들이 살면서 겪은 이러한 어려운 시기에 대해 논하는 것은 초대 손님들과 진행을 하는 우리, 그리고 물론 청취자 모두에게 유익한 것이다.

매회 방송이 끝날 때마다 일종의 대화 요약으로서, 우리는 초대 손님들에게 공백의 순간을 다루는 방법에 대한 조언을 부탁한다. 그리고 이 책을 읽으면서 분명해지겠지만, '공백'은 모든 사람에게 다른 의미이며, 매우 주관적일 수 있다.

그래서 우리는 공백의 순간이 있는 모든 사람에게 도움이 되도록 우리가 가장 좋아하는 약간의 정보와 전략을 공유할 것이다. 사실, 그 대부분은 우리가 직접 시도해보았다.

내가 하는 일은 가장 좋아하는 장소를 시각화하는 것이다…. 우리가 가는 곳 부근의 서부 하이랜즈에는 긴 산길이 있다. 그곳은 내가 무척이나 사랑하는 세계의 일부다. 영적으로 압도적이다. 나는 영적인 사람은 아니지만, 단지 부분의 합보다 더 큰 무언가, 뭔가 초월적인 것이 있다는 걸 안다. 그리고 내가 맥스웰과 함께 숲을 지나 4마일을 걸어가면 우리는 베인 스그리시얼이라 불리는 산기슭에 다다른다…. 그리고 몇 마일 주위로는 아무도 없고 작은 호수가 있는데, 시냇물이 그 안으로 졸졸졸 흐른다. 거기에 있는 거의 천연 좌석 같은 돌 위에 앉아 있노라니, 들리는 건 물소리, 바람소리, 새소리뿐이다. 그래서 나는 그 상황에 있는 내 모습을 떠올리면 갑자기 마음이 고요해지면서 점점 훨씬 더 마음이 평온해질 것이다.

니키 캠벨 Nicky Campbell

생각이 우리 머릿속에서 헤엄쳐 다닐 때, 그것은 마치 수영장에 물감을 푸는 것과 같다. 물감이 쫙 퍼져 어디에 최초의 방울을 떨어뜨렸는지 정말로 알 수가 없다. 반면 생각을 적으면, 우선 뇌가 느려진다. 그리고 그건 당신이 그 생각을 처리하고 있다는 것을 의미한다. 왜냐하면, 그 생각을 적는 동안 당신이 그걸 이해하고 있기 때문이다. 이는 큰 소리로 말하는 것과 비슷하다. 그것은 주위에 구조를 형성하고, 종이에 적는 것처럼 뇌에서 정리하는 과정을 거친다. 그리고 그건 내리쓰기free-writing(형식이나 글씨, 맞춤법 등에 구애받지 않고 생각나는 대로 멈추지 않고 빠르게 쭉 써 내려가는 기법 - 옮긴이)를 하는 경우에도 가능할 수 있다. 가끔 창의적으로 글을 쓰다 보면 멍한 순간이 와서 막히는 경우가 있는데, 사람들이 하는 말 중 하나가 그냥 아무거나 쓰라는 것이다.

피오나 머든

초기 어원에 의하면 (공백blank이란 단어)는 색이 없다는 것을 말한다. 그것은 '공백'이 항상 부정적이라는 걸 암시하지만, 그럴 필요는 없다. 빈 종이에는 무한한 가능성이 있다.

수지 덴트

모든 사람은 창의적이고, 우리의 가장 큰 자산이자 가장 큰 부채는 창의성이다. 왜냐하면, 우리가 우울할 때면, 우리는 지금껏 존재했던 최악의 존재이고, 게다가 무의미하며 잘하는 것이 하나도 없다고 스스로 확신하기 때문이다. 그러면서도 다른 한편으로는 당신이 최고의 사람이고, 또 모든 것을 알고 있다고 생각할 수 있다. 그러니까 그게 바로 우리고, 우리의 뇌다.

산지브 바스카

우리가 공백에서 무언가를 만들어낼 수 있다는 생각은 매우 위안이 되는 개념이다. 이 책은 빈 페이지로 시작했지만, 아주 많은 페이지 후에, 우리는 무에서 유를 창조했다.

항상 창의성의 공백의 순간을 헤쳐나가는 좋은 방법은 올바른 환경에 있는 것이다. 코미디언 레지널드 D. 헌터는 이것이 자신의 경력 과정에 얼마나 큰 변화를 가져오는지 잘 알고 있다.

나 자신을 찾고, 내 경력 과정을 자세히 살필 때, 나는 우주에서 그 정보를 소환할 수 없다. 하지만 그 정보가 오기 좋은 환경을 만드는 것은 할 수 있다. 나는 확실히 집 안을 조용하게 하거나, 필요한 음악을 구비하고, 필요한 것을 피울 수 있게 할 수 있다. 그 일을 실현하는 데 필요한 것은 무엇이든지 할 수 있다. 그래서 나는 내가 막히거나 공백의 상태가 될 때는 나를 막거나 공백의 상태로 만드는 다른 무슨 일이 내 삶에 있다는 것을 알게 된다. 보통 막히면, 나는 어떤 면에서는 무슨 일에 대해 나 자신을 정직하지 못하게 대한다. 이것은 우주가 나를 보고 "자, 우리가 이번 주에 헛소리하고 있잖아. 그러니까 당분간은 어떤 새로운 농담도 원하지 않아"라고 말하는 것과 비슷하다.

우리가 배우이자 시나리오 작가인 레이첼 셴튼과 이야기했을 때, 그녀는 오스카상을 받은 단편영화 〈더 사일런트 차일드The Silent Child〉를 마친 후 공허해진 자신의 감정이 떠올랐다고 말했다.

나는 그 영화가 끝났을 때 '이제 어떻게 하지? 다 끝났네'라고 생각했던 걸 기억한다. 그 영화를 끝마치고 싶어 한 내내, 영화를 만들고 보고 만족하고 싶어 했기 때문이다. 그랬으니 다음은 '자 이제 어떻게 하지?'였다.

나는 종종 '다음엔 뭐 하지?'라는 느낌이 드는데, 특히 심혈을 기울인 장기 프로젝트 후에는 그렇다. 그러나 수지 덴트의 말을 떠올려보면, 때때로 그 공허한 공백의 순간을 받아들이고 그것을 그림을 그릴 도화지로 보는 것은 신나는 가능성이다.

작가 린제이 갤빈이 자신의 공백의 순간에 대해 말했다. 그녀는 자신이 정신적으로 좋지 않을 때, 그 상황이 그녀가 최고의 작품을 쓰는 데 종종 영향을 미친다고 말했다.

때때로 좋은 작품이 그 과정의 불안과 고통 속에서 나온다. 하지만 나는 창의적이기 위해 이 고문을 받을 필요는 없다고 생각한다. 나는 비참한 기분으로 깊이 빠져들 때 최고의 작품이 나온다는 말은 듣고 싶지 않다. 내 최고의 작품은 내가 그런 상태일 때 절대 나오지 않는다.

방송 진행자 줄리아 브래드버리에게는 임무를 그다지 잘 수행하지 못할 때 도움이 될 수 있는 좋은 아이디어가 있었다.

내 조언 중 하나는, 만약 당신이 난처하거나 그 질문에 대답할 수 없다면, 스스로 시간을 벌어야 한다는 것이다. 다양한 방법으로 그렇게 할 수 있다. 또 다른 질문으로 넘어갈 수 있다. "잠시 후에 대답할게요"와 같은 말로 대답을 미루거나, 아니면 '우리가 ~에 집중할 때까지는 대답할 수가 없네요'라는 문구로 그 질문을 재구성하는 것이다. 그냥 연구를 한번 해보라. 그리고 비록 답의 일부만 알고 있더라도 만약 숙제를 다 했다면, 당신은 그것에 의지할 수 있다.

나는 특히 그런 어려운 상황이나 아무 생각도 나지 않고 말문이 막히는 공백의 순간과 맞닥뜨릴 때, 자신에게 시간을 준다는 이 아이디어가 너무 마음에 든다. 우리는 종종 너무 빠르게 문제를 해결하고 상황을 바로잡거나 계속하려고 시도하지만, 실제로 숨을 쉬고 상황을 신중히 살펴보는 시간을 갖는 것이 정말로 유익하다.

하지만 가장 공허한 시간에도 하던 일을 계속하려는 우리의 강박적 충동은 마크 게이티스가 우리에게 이야기한 것이다. 쉬지 않고 일함으로써 공허한 공백의 순간을 피할 수 있기 때문이다.

나는 방금 브램 스토커Bram Stoker의 훌륭한 전기를 읽고 있었는데, 그는 깜짝 놀랄 만큼 열심히 일했다. 나는 그가 기본적으로 죽도록 일했다고 생각하지만, 그가 어떻게 그 일을 [다] 했는지는 이해하기가 거의 어렵다. 그는 더블린에 있는 한 신문사에서 일하면서 일주일에 10편 정도의 리뷰를 쓰고, 때로는 방송 한 편을 재점검하곤 했다. 그는 정규직 공무원이었는데, 직장에서 글을 쓰고 있었음에 틀림없다. 그는 이 모든 걸 어떻게 했을까? 하지만 때때로 사람들은 열정을 가지고 있는 것 같다. 그는 필사적으로 일했지만, 공무원이 아니라 극장에서 일하기를 간절히 원했다.

우리가 팟캐스트 초대 손님들에게서 받은 많은 조언은 수용에 대한 개념에 집중되어 있다. 결국, 좋든 싫든 공백의 순간은 일어날 것이며, 이를 수용함으로써 우리는 앞으로 나아갈 방법을 알아낼 수 있다. 레이첼 패리스가 설명한 것처럼, 당신이 매우 조직적인 사람일지라도 말이다.

나는 글쓰기에 있어서 내가 이미 '오늘은 글을 쓰는 날이야'라고 말했다거나, 혹은 내 일기장에 적어놓았다 할지라도 아무 소용없는 날이 있다는 걸 받아들이고 있다고 생각한다. 그리고 그날 한번 시도해보는 것도 좋지만, 글을 쓸 수 없는 그런 때를 받아들이는 것도 좋은 것 같다. 그러고 나면 글쓰기를 시작할 시기나 시간이 실제로 생길 텐데, 여유가 된다면, 단지 30분이든 하루든 가능한 한 많은 시간을 할애해라. 이건 약간 구르는 공과 비슷하다. 일단 시작하면, 더 많은 것들이 떠오르고 그것을 최대한 활용할 수 있을 것이다.

만화가 마이크 딕스는 상황을 쪼개서 공백의 순간에 대처한다.

문제가 생기면 더 작은 조각으로 나누고 그 조각 중 하나를 한다. 그래서 공백의 순간이 생기면, 나는 실제로 궁극의 것이 아닌 궁극의 목표를 향해 뭔가를 할 수 있다는 일종의 프로세스를 적용하려고 한다.

나는 이런 식으로 상황을 쪼개는 방법이 정말 마음에 들어서 이 책을 쓰는 과정 동안 응용했다. 책 안의 더 큰 주제를 작업할 때 해당

필기록 부분을 다시 들여다보며 그 주제들이 완전히 검토되었는지 확인하니까 수월하게 진행되었다.

우리는 종종 공백의 순간에 혼자라고 생각하고 스스로 이것을 해결해야 한다고 생각한다. 배우이자 작가인 제스 임피아지는 '존재의 이유'를 의미하는 '이키가이ikigai'를 통해 자신의 공백의 시간을 다루고 있다고 말했다.

부모님, 친구, 가족에게서 당신이 하고 싶은 것이 불가능한 꿈이라는 말을 듣게 되면 우리는 가끔 가로막힌 느낌을 받게 된다. 그들은 그냥 아마 그것을 할 수 없었거나 아니면 오히려 할 수 있었지만 하지 않기로 선택했기 때문에 그렇게 말한 것일 수도 있다. 그래서 내가 항상 하는 말이 하나 있다. '당신이 자신을 믿지 않으면, 아무도 당신을 믿지 않게 될 것이다.'

켈리 홈즈 여사는 우리에게 그녀만의 독특한 방법을 공유했다. 공백의 시간 동안 내면을 들여다보면, 거기서 빠져나와 안심하고 다시 자신감을 가질 수 있다고 이야기했다.

당신이 되고 싶었던, 당신이 존재했던 그 순간들을 찾아라. 즉, 당신 목표의 원동력이나 비전 혹은 당신의 동기부여를 찾는 것이다. 일이 지독히도 꼬일 때 그 일들을 기억하고, 그러고 나서 할 수 있다면 재평가해서 그 일들을 활용할 방법을 찾아라. 그 공백의 순간이 끝이라고 생각하지 마라.

당신의 공백이 어떤 것이든, 당신이 창작자든 스포츠 선수든 혹은 심지어 차기 대통령이든 누구든지 간에, 우리는 이 책이 당신의 삶의 여정에 도움이 될 수 있는 공감의 순간, 그리고 통찰력과 교훈을 제공했기를 바란다. 왜냐하면, 삶에서 어떤 것들은 보편적인데, 우리는 모두 그것들을 다르게 처리할지도 모른다. 하지만 우리가 직면한 어려움으로 우리가 연결되어 있다는 것을 아는 것은 때때로 매우 위로되기 때문이다.

에필로그

다음 단계

그렇다면, 앞으로, 공백의 순간들을 피하고, 삶에서 좋은 것들과 긍정적인 것들을 곰곰이 잘 생각하며, 하는 일이 불가피하게 잘못될 때 당신의 마음을 달래는 데 도움이 될 수 있는 일로는 무엇이 있을까?

감사 목록

코미디언 마커스 브릭스톡이 초대 손님으로 출연했을 때, 그는 그가 중독에서 회복했던 시간, 그리고 그때부터 지금까지 하는 연습에 대해 우리에게 이야기했다. 매일 아침, 그는 '감사 목록'을 적는다.

감사 목록은 감사한 일들이 쓰인 목록으로 한 사람의 삶에서 긍정적인 것들을 확인하고 집중하는 데 도움을 주기 위해서 사용된다. 마커스는 일일 감사 목록을 친구와 가족에게 공유한다. 그에게 있어 감사 목록은 그의 회복에 중요한 부분이었다. 그뿐만 아니라 그의 삶에서 그에게 가장 의미 있는 것들을 모두 적어볼 수 있는 기회기도 했다.

우리는 감사 목록이 매우 강력하고 스스로 해볼 수 있는 일이라고 생각한다. 여기에 당신만의 감사 목록을 시작할 수 있는 몇 가지 아이디어를 공유한다.

- 개인적인 것이 되어야 한다. 꼭 화려한 일기장이나 특별한 펜이 필요한 것은 아니다. 휴대폰이어도 되지만, 반드시 자신이 개인적으로 연결할 것이어야 한다.
- 감사 목록을 만드는 데는 어떠한 규칙도 없다. 그것은 자신만의 것이기 때문에 만약 원하지 않는다면 어떠한 특정 목표도 세우지 마라. 핵심은 스트레스를 받지 않고, 그것을 할 수 있는 시간과 공간을 자신에게 주는 것이다.
- 간단명료하게 써라. 에세이를 쓸 필요가 없다.
- 감사 목록 쓰기를 일상의 일부로 만들고, 잊어버릴 것 같으면 알람을 맞춰놓아라. 규칙적으로 쓰면 결국 습관이 될 것이다.
- 하루를 준비하기 위해 아침에 감사 목록을 적어보자.
- 어떤 날은 다른 날들보다 쓰기가 더 쉬울 것이다. 적을 게 하나도 생각나지 않는다고 자책하지 마라.
- 감사 목록은 약간 시야를 넓히고, 자기돌봄을 실천하고, 날마다 행복을 느끼게 할 수 있는 정말로 간단하고 효과적인 방법이다, 그러니 직접 한번 해보라. 정말 아름다운 일이 될 수 있다.

공백

팟캐스트를 진행하고 또 이 책을 쓰면서, 우리는 때때로 깨닫지조차 못했는데 초대 손님들이 우리에게 얼마나 의미 있는 조언을 많이 해 주었는지 놀랐다. 그리고 또 어떻게 우리가 이 조언을 해석하고 실천하는 것을 '공백'이라 깨닫게 된 것인지 놀랐다.

다음의 간단하지만 현명한 목록은 힘든 순간을 보내고 있는 사람이라면 누구라도 달래줄 수 있도록 특별히 계획되었다. 여기에는 언제든지 채택할 수 있는 아이디어와 단계가 포함되어 있어 마음을 가다듬고 재설정해 다시 시작하는 데 도움이 될 수 있다.

첫째, 자기 연민을 행하라.

둘째, 기울여라. 통증 쪽으로 부드럽게 몸을 돌리면, 사람들은 통증을 덜 경험하고, 저항도 대개 감소한다고 보고한다.

셋째, 직접 자신을 위해 긍정적인 만트라를 만들고 규칙적으로 사용하라.

넷째, 자신의 행복한 장소를 시각화하라.

다섯째, 메신저에 감사 그룹을 만들고 자신의 생각을 공유하라.

여섯째, 명상하라.

일곱째, 한동안 보지 못한 친구와 가족에게 연락해보라.

여덟째. 소셜 미디어를 일정 기간 쉬어라.

아홉째, 공백의 순간을 만드는 것이 무엇이든 더 작고 관리하기 쉬운 조각으로 나누어라.

열째, 아무도 없을지라도, 특히 아무도 없다면, 자신을 공백의 상태로 만드는 모든 것을 큰 소리로 말해보라.

열한째, 일기! 결코 다시 읽지 않더라도, 걱정되거나 망설이는 모든 것을 적어라.

열두째, 호흡하라!

열셋째, 레고나 직소퍼즐 같은 것을 해보라. 그 활동에 몰입해서 다른 모든 것으로부터 뇌를 쉬게 하라.

열넷째, 하루를 시작할 때, 실행 가능한 할 일 목록을 작성하라.

열다섯째, 헛된 것은 없다는 것을 스스로에게 상기시켜라.

휴식 멈춤

검토 가능성 평온

기회 창의성

블랭크

재설정 평화

배움 마음챙김 자기돌봄

재시작 영감

숨

성공한 사람들의 공백을 기회로 만드는 법
블랭크

초판1쇄 인쇄 2022년 5월 20일
초판1쇄 발행 2022년 6월 7일

지은이 자일스 페일리-필립스, 짐 댈리
옮긴이 김정희

발행인 조인원
발행처 (주)서울문화사
등록일 1988년 12월 16일 | 등록번호 제2-484호
주소 서울시 용산구 한강대로43길 5 (우)04376
문의 02-791-0762
이메일 book@seoulmedia.co.kr

ISBN 979-11-6923-000-1 (03190)

• 책값은 뒤표지에 있습니다.
• 잘못된 책은 구입처에서 교환해 드립니다.